Gizem C.B.

AF673029

Auf der Suche nach meinem Selbstbild
Das Ende ist ein Neubeginn - Leitbild zur Selbstfindung

Gizem C.B.

Auf der Suche nach meinem Selbstbild

Das Ende ist ein Neubeginn – Leitbild zur Selbstfindung

Rediroma-Verlag

Bibliografische Information der Deutschen Nationalbibliothek:
Die Deutsche Nationalbibliothek verzeichnet diese Publikation in der Deutschen Nationalbibliografie; detaillierte bibliografische Daten sind im Internet über http://portal.dnb.de abrufbar.

ISBN 978-3-96103-841-1

www.rediroma-verlag.de
7,95 Euro (D)

Liebe Leser/innen,

in diesem Buch erfahren Sie Grundzüge aus meinem Leben und Erlebnisse, die mich gestärkt haben, um vielfältige Hürden erfolgreich zu überstehen und unter anderem meinen Vorstellungen, Zielen und Wünschen treu zu bleiben und kein Kompromiss bezüglich meiner ethischen Konstrukte einzugehen.

Das Leben ist ein Karussell, das ohne eine strategische Planung fast unmöglich zu realisieren ist. Es geht darum, machtorientiertes Verhalten und situativ entstandene Umstände umgehen zu können und dabei den Sinn der eigenen Wertevorstellungen zu verfehlen. Ein Erlebnis, das zum Nachdenken der eigenen Persönlichkeit führt. Vielmehr ist dieses Leseerlebnis eine Bereicherung, die eigenen Impulse und Werterahmen zu stabilisieren und einen erfolgreichen Weg gehen zu können. Die wissenschaftlichen Ausarbeitungen, die ein Konstrukt meines Instrumentes bilden, zusammengeführt mit meinen eigenen Erfahrungen, sollen Sie als Leser dazu animieren, über Ihre eigenen Muster nachzudenken und eine Hilfestellung für Menschen werden, die ähnliche Gedanken verfolgen.

Inhaltsverzeichnis

Heute weiß ich, was ich war! Wer ich im Laufe der Zeit noch werde, wird meine zukünftigen Pläne formen.
– Der Beginn einer neuen Phase mit dem Erkennen des Selbstglaubens

Intro

Angekommen in der Klinik, dachte ich, dass mein Leben ein Ende gefunden habe. Ich hatte Ängste entwickelt, litt unter starken Belastungen und dachte, ich habe meinen Sinn im Leben verfehlt. Im Laufe dieser Zeit versuchte ich, mich wiederzufinden, vor allem wollte ich mich neu sortieren. Ich begann, über mein Leben, über Strukturen und Eigenschaften nachzudenken. Dieses innerliche Karussell, das mich wieder zum Schreiben gebracht hat, war der Impuls, der sich Einsicht nennt. Meine Gedanken kreisten immer um dieselben Fragen: Was ist mit mir geschehen? Wo will ich hin? Wer bin ich? Wer möchte ich sein? Die Frage „Wer bin ich?" konnte ich sehr einfach beantworten. Ein Gemisch und Konstrukt entstanden durch die Fehler und Misserfolge der eigenen Eltern. Die Frage „Wer will ich sein?" führte zu der Einsicht, dass der Prozess der Reinigung und der Weg zur Selbstliebe mit meinem Tiefpunkt im Leben begannen. Allerdings hatte ich die Angst vor Veränderungen im Laufe der letzten Jahre verinnerlicht. Ich hatte Angst davor, standardisierte Muster, Einstellungen und neue Wege anzunehmen. Wer ich war, bevor ich zu diesen Erkenntnissen kam? Das ungewollte kleine Mädchen, das nie an sich geglaubt hat. Eine junge Frau, die sich in der Orientierung am Glauben verirrt und an den Mustern der Familieneigenschaften festgehalten hatte. Mein neuer Weg war der Weg zu beweisen, dass das Mädchen, an das niemand glaubte, etwas Großes im Leben bewerkstelligen kann. Der Glaube an die Wiedergeburt gehört in vielen Religionen zur Tradition und ist Grundlage vieler Rituale. Somit wird dieser Glaube in vielen Generationen weitergeleitet. Für mich handelt es sich eher um eine Illusion, eine Seifenblase, die einem aufgezwungen und aufgesetzt wird – die einem im Laufe der Selbstfindung zur Last fällt. Es gibt Menschen, die als Eltern bezeichnet werden, die „Erzeuger", die im Leben eines Kindes eine Vorbildfunktion erfüllen. Sie sind für viele ein Vorbild, an dem jedes Kind vorurteilslos den Anker setzen kann. Ein erfülltes Kind verspürt das Verlangen, Akzeptanz zu erhalten, um wieder in die weite Welt, in die Selbstständigkeit, gehen zu können. Es ist der Wunsch, als Individuum akzeptiert zu werden, dazuzugehören – ohne Ängste und Unterwürfigkeit. Helfen kann zumindest der Anschein von Liebe und

Achtsamkeit, ohne dafür eine Gebühr zahlen zu müssen. Dadurch kann jedes Kind die Kraft finden, in die weite Welt der Menschheit zu gehen, um dort eigene Erfahrungen zu sammeln. Eine Vorstellung, die in mir das Gefühl der Einsamkeit auslöste, war die eines Kindes, das keinen Anker im Leben hatte. Ein Kind, dass die Richtung verlor und trotzdem versuchte, eigenständig zu sein und eine Identität zu entwickeln. Erziehung ist ein wichtiges Merkmal – ein Faktor, auf dem das Gerüst des Lebens aufbaut und dann verwurzelt. Die traurige Ansicht, dass für die meisten Menschen in einer Tragödie ähnlichen Attraktion in Artefakten ausartet. Vielmehr ist es eine Fassade, die nicht lösbar scheint. Eine „Illusion", eine Anpassung, die einen Menschen – immer wieder – einholen. Ein Karussell der Verlorenheit. Das Funktionierenmüssen – für andere –, die Routine im Denken, die sich in Mustern widerspiegelt, blockiert einen Menschen (nur) selbst, die eigene Identität zu finden. Das Leben ähnelt einem zerstörerischen Konstrukt, wobei wiederum verinnerlichte Gedanken ins Leere führen. Die Frage ist, wer bin ich (eigentlich) im Ganzen? Die Verlorenheit und die Suche nach dem Ich, verborgen in Theorien, ist das Fundament eines jeden Individuums. Gleichgültig, woher es kommt! Wer es ist? Alle zugrunde liegenden Fragen führen zu einem

Nichts. Denn das bist nicht DU! Die Erkenntnis, das DU, führt für einige Individuen zu Schmerz. Die Verlorenheit in der Erkenntnis, ein Wagnis für die eigene Freiheit, wird nicht bevorzugt. Des Weiteren die Verleugnung, den Weg zu gehen, ist verbunden mit Angst. Die Wahrheit besteht darin, festgefahrene Muster, Stereotypen und Einstellungen zu sprengen – eine Mutprobe, die nicht jedem Individuum widerfährt. Der Drang, „allem" und „jedem" gerecht werden zu müssen, ist ein Kampf, der in ein Land der Leere führt. Der Kampf nach dem „Ideal" ist ein adäquater Teil der Verlorenheit. Ein Zwang, sich die Muster anderer Menschen (Vorbilder) aneignen zu müssen. Vergeltung und der Eintritt in die Gruppe der Hoffnungslosen. Ein Mensch wird zu dem, was er gelernt hat, und besteht aus seinen Erfahrungen. Warum fällt das „Neue", das „Ich bin so, wie ich bin!" so schwer? Die Hemmungen, in der Verleugnung seine Identifikation zu finden, sind verbunden mit Angst. Die Angst vor sich selbst, den Anschein im Spiegelbild nicht ertragen zu können. Die Angst, abgestoßen zu werden, keinen Draht zur Familie und Angehörigen zu finden. Es fehlt der Mut, für seine eigene Freiheit und Selbstfindung zu kämpfen. Ein Karussell der Wiederfindung – eigentlich ist es die Angst, allein zu sein und keiner (vordefinierten) Gruppe anzugehören.

In dem Ganzen vergisst das Individuum sich selbst und missachtet seine eigenen Wünsche, das Bedürfnis seines „höheren Selbst". Was bringt einem Kind eine Mutter, die ihren eigenen Prozess nicht einmal selbst zu Ende gebracht hat? Wie erfüllend kann diese Mutter für ein Kind sein? Es stellt sich die Frage, muss ein Mensch idealistisch sein, um Anerkennung zu erhalten? Warum kann das „Individuum" nicht in die Rolle des Seins eintauchen. Diese Fragen führten zu einem Konstrukt, das mich zu meiner „Wiedererkennung" und zur Erlangung des „Selbstglaubens" geführt hat. Bei einem Rückblick entsteht die Frage nach der Einsamkeit. Dabei handelt es sich um den Punkt, an dem ich mich zum Narren meiner Kindheit entwickelte. Ich entrichtete die Einsamkeit, die ich als erwachsenes Ich verspürte, als ich im Mutterleib war. Das „ungewollte Kind", das keine Bindung zu seiner Mutter aufbauen konnte, das zu einem Konstrukt einer die Niederlage verspürenden Mutter wurde, die ihre eigene unrealistische Welt geschaffen und die Bindung zur Realität verloren hatte. Es mag sein, dass meine Mutter Pläne und Ziele hatte, dennoch ist und bleibt die entscheidende Perspektive der Betrachtung meine eigene. Was kann ich dafür? Immer wieder verspürte ich ein gewisses Mitleid und trug die Schuld des Ungewollten in mir. In dem Unmut, mit dem sie dachte, selbstständig zu sein, hatte nur die Opferung meines Ichs dazu geführt, dass sie sich mit diesem Gefühl sättigen konnte. Es war wie ein automatisiertes Verfahren – ohne Rücksicht auf mein eigenes Ich zu nehmen. Dabei war es mein Recht, „Nein“ zu sagen.

Auch als ich allein war beim Versagen in meiner grundschulischen Laufbahn und meine Mutter beschäftigt war, ihre eigenen unrealistischen Ideale zu verfolgen, dachte sie nicht an mich. Ihre Ziele entsprachen jedoch nicht einmal ihren eigenen Vorstellungen, sondern denen ihrer Eltern, die Akademiker waren. Der Schmerz, dass ihre Brüder eine erfolgreiche akademische Laufbahn hatten, brachten sie dazu, unrealistische Ziele zu verfolgen. Ich bin, als Fazit, ein ungewolltes Scheidungskind, das unter dem Leid seiner Mutter funktionieren musste. Mein Vater kam nie zu sich. In meinen Augen war er ein vergessener Alkoholiker, ein Süchtiger, der nach der Scheidung meiner Eltern seinen Lebensweg verlor. Meiner Meinung nach hatte er diesen Weg nie gefunden. Auch er musste funktionieren. Allerdings habe ich meinen Weg erkannt. Ich zog mich in meiner Kindheit in die Stille zurück. Es interessierte sich sowieso niemand für mich. Jeder war in seinem eigenen Mitleid gefangen. Alle Unbekannten sahen das Leid eines Kindes, das im irgendwo, in der Dunkelheit, tappte. Aber meine Eltern hatten andere Sorgen. Die Konkurrenz des Beweisens, das ich nie als richtig empfunden habe, die Ignoranz der Niederlagen, die ihre Kinder verspürten. Aufmerksamkeit war nur gesichert durch aktive Beteiligung und Reize, die dem Elternteil Bedürftigkeit signalisieren sollten. Jeder war im Kampf seines Selbst – ohne Rücksicht auf andere zu nehmen. Wie soll ein Kind jemand anderes lieben, wenn es nicht einmal von den eigenen Eltern geliebt wird? Das innere Hassgefühl lernte ich irgendwann zu unterdrücken. Als Methode wählte ich das Selbstmitleid.

Zurück zu dem Punkt, an dem ich mich einsam fühlte. Die schlimmsten Momente in meiner Kindheit waren die Momente, in denen mir bewusst wurde, dass Unterrichtsende ist und kein Elternteil auf mich warten würde. Stattdessen hatte ich tolle Pausenzeiten: das ungeliebte Mädchen und der Vater, der in einem widerwärtigen Zustand hinter den Bäumen nach seinem Kind Ausschau hielt. Diese Momente waren keine Argumente, dass der eigene Vater Trost auf den Straßen suchte und dementsprechend aussah, sodass ich jedes Mal aufhören musste, zu spielen, wenn jemand nach ihm schrie. Der erbärmliche Ruf „der Penner rennt weg“ verursachte ein unbeschreibliches Gefühl der Missachtung. Die trotzerfüllte

Mutter, die beim Erreichen ihrer Ziele zum Scheitern verurteilt war. Die im Laufe der Zeit zu einer Lachnummer wurde, die sich zu einer depressiven Furie entwickelte. Jeden Abend musste ich die gemeine Hasspredigt über ihre Welt ertragen. Wünsche äußern – nein, danke! Geschlossene Rollläden, Geschirr, das herumflog und natürlich die unzähligen Selbstmordversuche, die einem Kind nicht als Vorbild dienen sollten. Das Erbarmen in mir hörte nicht auf. Ich begann bereits in jungen Jahren, die Rolle des Beobachters einzunehmen, Ruhe zu bewahren und die Rolle der Mutter zu übernehmen. Ich konnte nichts anderes machen, als Selbstverantwortung zu übernehmen. Ich hatte den Druck der Außenwelt zu ertragen und einen Mitleidssegen für die Mutter auszusprechen. Das ist ein Problem für ein Kind, das erwachsen werden musste. Die unzähligen Arztbesuche, die verantwortungsvollen Blicke und die mitleidigen Blicke der Passanten aufgrund einer Alopecia in meiner Kindheit werde ich niemals vergessen. Die Rufe von anderen Mitschülern, „die Glatze“, die Schubsereien im Treppenhaus, die rücksichtslosen Lehrer, die einen wegen des Tragens einer Mütze zu einer Witzfigur machten. In allem ein schlechter Witz, der mich zunehmend motivierte, durchzuhalten, um nicht verachtungslos zu werden. Diese Erkenntnisse führten mich dazu, zu einem Menschen mit inneren Werten zu werden, das Glück in den kleinen Dingen des Lebens zu sehen und dankbar zu sein. Viele Eltern nennen diese Dinge, allein zur Schule zu gehen, mit der Bahn allein unterwegs zu sein, Selbstständigkeit. Eigentlich ist das die Ausrede für eine Fassade der Zeitlosigkeit der bitteren Wahrheit von unnötiger Rennerei, ohne Rücksicht auf die Bedürfnisse der Kinder zu nehmen. Nicht einmal gefragt zu werden, ob man funktionieren will. Diese unersättlichen Rennereien der Eltern widersprechen vielleicht den innersten Wünschen der Kinder. Dies alles trug zu meiner Persönlichkeit bei. Kinder brauchen Vorbilder, die unfassbar und anwesend sind. Meine sind meine Großeltern, die einen akademischen Grad erhielten in Zeiten von Krieg und Armut, oder mein Onkel, der die Unabhängigkeit von allen Fassaden erreicht und sich als erfolgreicher Geschäftsmann etabliert hat. Uneingeschränkte Sicht auf die Werte und Normen der Menschheit zu haben und einen Menschen so zu akzeptieren, wie er ist, ist meiner Meinung nach die höchste Einheit von Selbstliebe.

Was ist Ihr Empfinden? Was nehmen Sie wahr?

1. Ängste, die ein Kind formen

Die Wissenschaft ist essenziell für die Entwicklung und den individuellen Fortschritt jedes Individuums. Jeder kann die Sprache der Wissenschaft verstehen, wenn sie im Alltäglichen Sprachgebrauch artikuliert wird. Damit der Übergang in meine Gedankenwelt gelingt, habe ich die meines Erachtens wichtigsten Fundamente der Wissenschaft zusammengefasst und sie mit meinen eigenen Erfahrungen kombiniert.

1.1 Wie können Emotionen interpretiert und entcodiert werden?

Emotionen können in drei Kategorien unterteilt werden. Die Ausprägungen können, abhängig von dem Gefühl, das empfunden wird, differenziert ausfallen. Durch die Situationen, die das entsprechende Gefühl hervorrufen, entstehen psychologische und physiologische Erscheinungen. Grundgefühle sind Angst, Wut, Trauer, Freude oder Liebe (vgl. Hebb, 1980, zit. nach Myers, 2008).

In der Erforschung von Emotionen oder Gefühlslagen, die abhängig von der Aufnahme und der

Selektion sowie dem Geisteszustand des Individuums sind, können Emotionen diversifiziert bewertet werden. Emotionstheorien helfen dabei, Gefühle zu kategorisieren. Die Interpretation der Emotionen in ihren Ausprägungen nach William James (1890) stellt die Ausprägungen und den Komplex des Zerwürfnisses von empfundenen Emotionen dar. James (1890) legte den Grundbaustein der psychologischen Forschung: „Wir fühlen nach einem Erlebnis, welches ein kurzweiliges Trauma (Prozess des Empfindens aktiviert) – zugleich einen Gefühlszustand – hervorruft, Traurigkeit. Weil wir weinen (Ausprägung), weil wir wütend (Zustand) sind, werden wir aggressiv und bevorzugen diesen Zustand durch die aktive (körperliche Ausprägung), dem Gewaltausbruch – also werden (wir) gewalttätig. Wir zittern (eine psychologische Ausprägung), weil wir Angst empfinden.“ (Quelle) Laut James (1890) empfindet ein Mensch zuerst Emotion, dann folgt die Handlung.

Die Emotionspsychologie gewinnt an Interesse, zudem wurden drei Theorien entwickelt, die James-Lange-Theorie, die Cannon-Bard-Theorie und die Zwei-Faktoren-Theorie nach Herzberg.

Das Konstrukt des Glücks. Die „subjektive Wahrnehmung“ hat eine kurze Dauer, da der Mensch von negativen Erlebnissen stärker beeinflusst wird.

Die Untersuchungen von Goleman (2017) und Barnow (2014) haben ergeben, dass Emotionen Gefühlszustände sind, die Stimmungsempfindung und affektive Wahrnehmung beeinflussen. Diese Zustände sind auf der physischen und physiologischen Ebene auffindbar. Ohne einen vorhersehbaren Grund weinen zu wollen, hat einen psychischen Grund, der diesen Zustand auslöst. Grund dafür kann ein Auslöser im Unterbewusstsein durch eine Erinnerung sein. Gedanken können ebenfalls hervorgerufen werden durch eine neue Lebenslage oder eine aufgerufene indirekte Empfindung kann die Ursache dafür sein.

Durch die Körpersprache signalisiert ein Mensch oftmals seine Haltung, die Mimik erzählt eventuell eine andere Geschichte, als er verbal zum gleichen Zeitpunkt ausdrückt. Der Auslöser dafür sind Zustände mobilisiert durch Reize, die dafür sorgen, dass jedes Individuum die Emotionen anders wahrnimmt (vgl. Ekman, 1994).

Einzeln betrachtet unterliegen beide Bereiche dem Problem der Überprüfbarkeit, die für die Wissenschaft essenziell ist. Eine Theorie bedarf eines experimentellen Ansatzes, der diese bestätigen kann und ein Experiment bedarf einer Rechtfertigung, die auf theoretisches Wissen aufbauen sollte. Das Spektrum der Emotionen bestehe nach dem US-amerikanischen Mediziner Robert Putchik aus 8 Grundelementen. Davon seien 4 negative Elemente und die restlichen 4 das positive Gegenstück: Freude zu Trauer, Vertrauen zu Misstrauen, Angst zu Wut, Ungewissheit zu Gewissheit (vgl. Sroufe, 1996).

1.2 Nonverbale Sprache

Emotionen sind durch Sprache ausdrückbar sowie durch das Wiedergeben in der Haltung und in den Gesichtszügen. Menschen sind soziale Wesen, die sehr auf Wertschätzung und auf die Zugehörigkeit zu einem sozialen Umfeld angewiesen sind. Die Gesellschaft hat eine Vorbildfunktion und gibt Richtlinien vor, die zugleich die Funktion haben, ihre Zugehörigen zu formen. Das kognitive Lernen wird in der Gesellschaft entwickelt. Neugeborene kommunizieren ihre Bedürfnisse durch ihren Gesichtsausdruck oder durch Schreien, bevor sie überhaupt eine Sprache lernen. Daher ist der Gesichtsausdruck sehr wichtig (vgl. Riff und Keyes, 1995).

Zum einen wird auf direkter zwischenmenschlicher Ebene und zum anderen auf gesellschaftlicher Ebene mit übergeordneten Regeln kommuniziert.

Negative Gefühle wie Angst, Wut, Schuld sind interpersonelle Interaktionen, müssen meistens nicht von persönlichen Ereignissen hervorgerufen werden. Baumeister (1994) erklärt negative Gefühle in drei verschieden Dimensionen:

1. Halten von negativen Schädigungen ab und erziehen die Menschheit zu positiven Verhaltensweisen durch die Vermeidung von negativen Ereignissen
2. Sozialer Bestätigungshinweis durch Selektion an Schuldgefühlen
3. Manipulationstaktik, um den eigenen Willen durchzusetzen

Zahn-Waxler und Robinson (1995) kamen bei einer Längsschnittstudie an Zwillingen zu der Erkenntnis, dass viele negative biologische Faktoren übereinstimmten. Die Auffassung von Schuld unterlag einer anderen Interpretation. Demzufolge ist bewiesen worden, dass Kinder, die in einem fürsorglicheren Haushalt aufwachsen, zu sozialen Bürgern erzogen werden können und eine hohe Empathiefähigkeit aufweisen.

Die Regulation trägt bei einer Ungerechtigkeit oder Verletzung der Regeln zu einem schlechten Gefühl der Schuld bei.

Positive und negative Gefühle haben eine Funktion, die wiederum eine residierende Funktion übernimmt: die Ausdrucksform der Verlegenheit.

Dies ist mit dem interpersonellen Fehler zu interpretieren (vgl. Keltner und Andersen, 2000).

Gesichtsausdrücke haben eine sehr große Bedeutung bei der Kommunikation und der Emotionsanalyse. Der Ausdruck bestimmt den Ausgangspunkt der realisierten Gefühle. Diese sind wiederum in Mimik und Gestik unterteilt, ebenso unterscheidet Ekmann zwischen „Mikro-Expression“ und Mimiken, die in Sekundenbruchteilen durch die Gesichtsmuskulatur entstehen. Die Mimik ist nur deshalb in den ersten Augenblicken nicht erkennbar, weil der Ausdruck wieder verschwindet und weil das menschliche Auge nicht in der Lage ist, so schnelle Veränderungen wahrzunehmen (Wahrnehmungsverzerrung) (vgl. Ekman und Friesen, 1969).

1872 stellte Charles Darwin in seinem Buch „Expression of Emotion in a Man and Animals“ fest, dass Emotionen adaptiv sind, da sie Gefühle wiedergeben können. Darwin nahm an, dass Menschen angeborene Emotionen, Mimiken und Gestiken haben, die sie in gleicher Form ausdrücken, unabhängig von der kulturellen Herkunft.

Ekman hielt diese Theorie für falsch und begann daraufhin einen Versuch, mit dem er Darwins Hypothese widerlegen wollte. Er war davon überzeugt, dass Gesichtsausdrücke erlernt seien. Ekman musste jedoch feststellen, dass Darwin recht hatte.

Der Ausdruck einer besonderen Emotion ist der Stolz. Die Merkmale dieses Gefühls wurden von der Psychologin Jessica Tracy (2008) erforscht. Sie beobachtete die Paralympischen Spiele in der Judodisziplin. Nach jedem erfolgreichen Wettkampf bemerkte sie, dass die Teilnehmer mit erhobenen Armen und breiten Schultern einen Ausdruck von Stolz ausstrahlten. Demzufolge seien Emotionen angeboren und nicht durch Nachahmung angeeignet. Der Kampf zwischen femininen und maskulinen Emotionen.

Durch zahlreiche Forschungsansätze und Theorien konnte festgestellt werden, dass es angeborene Emotionen bzw. Ausdrucksformen gibt. Dennoch gibt es einen Unterschied zwischen dem männlichen und weiblichen Empfinden. In Anbetracht der sozialen und biologischen Faktoren (z. B. Verhaltensregeln, Erziehungsformen) ist bekannt, dass das Ausmaß des emotionalen Ausdrucks von diesen Faktoren abhängt.

Die Gesellschaft hinterlässt bei jedem Menschen eine Spur, daher ist die präzise Unterscheidung zwischen biologischen und erlernten Merkmalen schwer zu treffen.

Im Folgenden wird diesen Fragen nachgegangen: Wie genau entsteht Angst und warum kann sie auf chronische Weise zu einem Hindernis werden? Wie können Menschen Angst erkennen und rehabilitieren? Warum entstehen beispielsweise Störungsbilder wie die generalisierte Angststörung?

Die biologische Antwort liegt im Zentrum der Amygdala. Die Regulation und die Schaltung von Emotionen werden von einem kleinen Teil des Gehirns reguliert. Dieser Teil sorgt für viele Reaktionen auf Emotionen, vor allem Angst (vgl. Barinaga, 1992). Verstärkungen wie beispielsweise Elektroschocks können zu einer neutralen Hemmung führen. Die Verknüpfung sendet wiederum Signale an den Kortex, die zu Angst-Situationen führen. Dieser Teil im Gehirn ist für die Verarbeitung von Emotionen zuständig. Auf situative Einflüsse, wie beispielsweise Albträume, wird mit Kurzatmigkeit und diversen Folgeerkrankungen reagiert. Bei Verletzungen des Hippocampus können Emotionen nicht weitergeleitet werden, sodass Emotionen nicht wahrgenommen werden und der Auslöser nicht erkennbar ist. Bei einer Verletzung der Amygdala sind Auslöser und Reaktion ersichtlich und können zu wiederholten, erkennbaren Erinnerungen führen (vgl. Schachter, 1996). Ein Nachteil bei der Verletzung der Amygdala besteht darin, dass Menschen nicht mehr zwischen bösartigen und gutartigen Gesichtern unterscheiden können (vgl. Adolphs, 1998). Die chronische Ängstlichkeit, wie beispielsweise die im Störungsbild „generalisierte Angststörung“, kann zu einer dauerhaften Angstsituation führen. Ein Beispiel ist die immer wiederkehrende Angst vor Situationen und Umständen (vgl. Mineska und Sutton, 1992). Vorteilhaft ist die Angst, wenn sie reguliert wird und in stressigen Situationen dazu führt, dass die eigene Haltung zu einem souveränen und kühlen Erscheinungsbild konvertiert, woraus ein lösungsorientierter Ansatz entsteht (vgl. Myers, 2008). Die generalisierte Angststörung (GAS; F41,1) ist eine Störung, die in spezifischen Situationen auftritt. Die anhaltende Dauer der Störung und die Auswirkung des dauerhaften Sorgens nach ICD 10 und DSM dauert fünf bis mindestens sechs Monate (vgl. Caspar und Pjanic, 2018). Sorgen beziehen sich auf Unfälle, die einem nahestehenden Menschen zustoßen können. Die Folgen sind Herzklopfen, Anspannung und Nervosität, Muskelspannung, Zittern, Benommenheit und Schwindel. Erscheinende psychologische Reaktionen können zu Schlaflosigkeit führen (vgl. Lindner, 2011).

2. Emotionen

2.1 Angst

Was ist Angst? Warum haben viele Menschen Ängste? Wie werden Ängste zu einer Qual?

Angst ist eine Emotion basierend auf Auswirkungen von psychischen und psychologischen Ausprägungen. Diese sind ein Hindernis und können zu einer dauerhaften Schleife werden, denn diese sind mit negativen Assoziationen verbunden und können durch Konditionierungen und Ursachenerkennung trainiert werden (vgl. Myers, 2008). Jeder Mensch hat vermutlich Ängste, beispielsweise vor bestimmten Tieren, vor der Nacht, vor der Einsamkeit und vor Prüfungen oder Klausuren. Angst wird dann zum Hindernis, wenn die Emotionen nicht reguliert werden können und Ereignisse zu Stress führen und eine dauerhafte Belastung werden. Dies führt wiederum zu einem Absturz des Selbstglaubens und der Selbstwertschätzung. Es gibt zahlreiche Studien, die Angst im Ganzen beschreiben, z. B. Ereignisse, die zu lebensbedrohlichen und Panik auslösenden Umständen werden. Diese Ängste führen dazu, dass Menschen in Panik sogar andere Menschen zertrampeln, um sich vor dem Ereignis zu schützen (vgl. Brown, 1965). Negative Emotionen können als Vorsichtsmaßnahme gelten, die Menschen vor lebensbedrohlichen Situationen schützen (vgl. Myers, 2008). Ängste, die vor ungeregelten Gesetzmäßigkeiten schützen, um Gehorsam oder einer Bestrafung zu entgehen, sind Maßnahmen des Verhaltenstrainings, die wiederum mit der „klassischen Konditionierung“ trainiert werden können. Üblicherweise ist Angst positiv sowie negativ zu bewerten. Denn die emotionalen Auswirkungen sind verbunden mit hormonellen Ausschüttungen, z. B. Adrenalin, die in den endokrinen ausgeschüttet werden. Kinder, die in der präaktionalen Phase neue Erkenntnisse erzielen, können Höhenängste entwickeln, die wiederum ein Hindernis werden zum Erlernen des Laufens. Die Angst vor Ungewissheit und der Zukunft ist die Angst vor Ablehnung und davor, nicht geliebt zu werden. Ein Gefühl von Ablehnung, das mit Verlusten zusammenhängt, kann zu einer Schleuse führen, die mit dem Selbstbild und der Grundeinstellung der Menschheit vergleichbar ist. Ängste, die einem den Schlaf rauben, Ängste, die ein Versagen auslösen, und die Vergeltung, die Einsamkeit hervorruft. Naturkatastrophen, die zu Verlusten führen, alle Infektionen, die Todesfälle zur Folge haben. Angst vor öffentlichen Plätzen, vor geschlossenen Räumen und Angst vor dem Aufzug sowie Angst vor sich selbst haben zu müssen, sind Hindernisse, da diese Ängste mit sozialem Rückzug und der Verletzung der eigenen Werte verbunden sind (vgl. Campos, 1992; Goodnough, 2002; Lerner, 2002; ICR, 2001). Der Bezug zu meiner Kindheit, bei der ich Angst hatte, ist sehr geprägt durch die Erinnerung, jedes Mal nach Hause zu kommen und die Mutter nicht anwesend zu sehen. Angst haben zu müssen, dass, wenn der Vater wieder Alkohol genoss, die Mutter durch Gewaltausbrüche umbringt, sodass sich eine harmlose Frau nicht wehren kann. Szenen, die ein Kind nie vergessen wird, sind die, bei der die Mutter mit Tabakresten verstümmelt und mit Bierflaschen geschlagen wird, sodass sie jedes Mal Angst haben muss, nicht mehr am Leben bleiben zu können, aufgrund der Ausbrüche ihres Mannes. Vielmehr ist das Schweigen einer jungen intelligenten Frau trauriger, die Abiturientin ist und einen sehr hohen Intelligenzquotienten zeigt. Die Verschwiegenheit einer um Rat suchenden Frau und die Hilflosigkeit der Kinder, die keine Lösung finden. Hierbei wünscht man sich einfach nur, dass das Geschrei der Mutter ein Ende findet und sie sich erschöpft zu ihren Kindern legt. Ihr Erfolg war die Unabhängigkeit, trotz randomisierender Attentate meines Vaters. Warum wurde mein Vater gewalttätig und fand keinen Bezug zur Kommunikation? Vielleicht wurde er auch nicht durch seine Eltern verstanden und missachtet, da die Prioritäten andere waren. Leider fehlt mir das Verständnis heute noch, warum ein Mensch einem anderen so viel Leid zufügt, psychisch, aber auch physiologisch. Ein Machtkampf, dass ebenso die Ursache in der Verlorenheit der Kindheit vermutet werden kann. Jeder hat seine eigene Edition von Erlebnissen. Was habe ich ganz genau von diesen Erlebnissen gelernt? Es ist die Selbstachtung und die Stärke, ihre Grenzen geschlechtsneutral zeigen zu können. Zu wissen, was erstrebenswert ist und was zu einer Zeitverschwendung und gesundheitlichen Defiziten führen kann. Das Wissen aufzubringen, worin die Stärken und Schwächen eines Individuums Bestandteil der Kraft wird, und zugleich die selbst gewährte Unantastbarkeit in dem Konstrukt des Selbstbewusstseins. Eine Vorstellung zu erhalten, worin die Berechtigungen der Menschheit liegen und die Vorstellung einer Selbstachtung, die sich als eine erfolgreiche Ressource im Laufe des Lebens etabliert und dazu führt, dass zugleich ein Instrument für die Bewältigung jeder Situation verwendet werden kann, denn rückblickend ist die Erkenntnis ein schlechtes Vorbild. Doch die Selbstachtung und das gesunde Maß an Selbstbewusstsein sind eine Stärke, die viele Vorteile genießt.

Die Auswirkung der Angstzustände, die einen Menschen zum Leiden verurteilen.

Angst zu haben und nicht den Grund dafür zu kennen, sich in seinem Gemüt eingeschränkt zu fühlen, dabei den Kampf für eine Erklärung zu starten und am Ende am Status sowie an der menschlichen Würde zu scheitern, ist eine Erkenntnis, die zu einer rotierenden Angst führt. Dabei wollte derjenige wahrscheinlich nur die Wahrheit nach außen tragen, die Klarheit schaffen, ohne verletzt zu werden. Unwissentlich in ein Spiel gezogen zu werden, dabei seine Ziele und Wünsche, die Bedingungen für Selbstlosigkeit zu lernen, ist ein großer Aufwand, verbunden mit einem Schrecken des Aufwachens. Hinzu kommen erzwungene Gedanken, die einen inneren Schaden und Trauer verursachen. Die Gleichgültigkeit in den Augen machtorientierter Persönlichkeiten, die keinen Weg für Realität und keine Veränderungen ihrer Gedankenmuster zulassen, die zu einem Manuskript der Verlorenheit führen. Dabei sind Glaubhaftigkeit und die Erkenntnis, nicht alles und jeden steuern zu müssen, das Individualrecht eines jeden Menschen. Freiräume zuzulassen und seinen Profit zu suchen, indem mehr Nähe zugelassen wird.

Nach diesen Grundsätzen hatte ich wohl in meiner Kindheit Angst vor Ablehnung. Dennoch ist es mir gelungen, ein guter Mensch zu werden und der Menschheit zu vertrauen und wieder an mich und meine Ziele zu glauben und den Kampf weiter zu verfolgen. Ich bin ich und es ist mir egal, was die Menschheit über mich denkt. Denn Menschen nach ihrem Denken und Fühlen zu beurteilen, ist ein grundsätzlicher Verstoß gegenüber meinen ethischen Werten. Jeder Mensch hat es verdient, geliebt zu werden. Im dem Abschnitt meiner Kindheit, worin meine Erkrankung begann und ich mein Selbstbild verlor, ausgelöst durch die Alopezie-Erkrankung, änderte sich mein Aussehen schlagartig. Träume, die ein Mädchen in jungen Jahren prägen, wie beispielsweise Haare flechten oder Perlen an bestimmte Strähnen anzuknüpfen, waren nur Wunschvorstellungen meiner Kindheit. Zunehmend verlor ich nicht nur meine Haare, sondern auch meine Augenbrauen. Dies führte dazu, dass ich meine Identifikation verlor und mein Selbstbild, welches ich in meinem Spiegelbild sah, nicht mehr ertragen konnte. Haare färben und zum Friseur gehen, um die Frisur aufzufrischen, Spitzen schneiden lassen und die vollkommene Massage beim Friseur genießen, alles eine Frage der Wunschvorstellung. Was genau hat die Impression mit dem Verlust der Haare oder

Augenbrauen zu tun? Menschen vergleichen Aussehen und interpretieren die Persönlichkeiten, vielmehr ist es eine Art des Vergleichs und der Zuordnung, welches unbewusst in den Vorstellungen der Menschheit geschieht. Zudem wirkt sich die Impressionsbildung stark auf die nonverbale Sprache aus, da die Mimik unter diesen Voraussetzungen nicht direkt zugeordnet werden kann. Dieses Bild ähnelt einem Nichts, da es eine leere Haufläche kennzeichnet, mit der nicht viel Ausdrucksvermögen erzielt werden kann. Vielmehr erregt es Mitleidsblicke, da man sofort als krank eingestuft wird. Das Aussehen, wie oberflächlich könnte man es einstufen, dennoch ist es ein wichtiger Bestandteil, wie andere Menschen einen beurteilen. Es gleicht einer Verlorenheit von seinen eigenen Vorstellungen. Die Tatsache, dass die Sehnsucht nach dem Selbstbild steigt, ist eine bittere Erkenntnis, da sie im Laufe der Zeit verloren geht. Die Versuchungen, durch andere Verständnis zu erhalten und eine gewisse Empathiefähigkeit anzumuten, ist eine Fassade, die verbunden mit der Selbstüberwindung vergleichbar ist. Es ist der Wunsch, der verloren geht, um mit anderen Rivalen in seinem Alter mitspielen zu können. Die Vorstellung, sich mit Gleichaltrigen zu messen und eventuell auf Verständnis zu hoffen, insbesondere durch Angehörige oder Freunde, ist zum Scheitern verurteilt, da alle anderen ein vervollständigtes Selbstbild sehen und somit der Bezug fehlt, kahle Stellen zu haben, die insbesondere den Selbstwert stark beeinträchtigen. Kein Platz in der Gesellschaft zu erhalten, andauernde Erklärungen ablegen zu müssen, was die Ursache betreffend erscheint, ist eine mühsame Angelegenheit, die selbst einem Kind mit einem hohen Selbstbewusstsein, als problematisch erscheint. Eigentlich ist der Wunsch, akzeptiert zu werden, so wie man ist, aber warum sollten andere Menschen ein Kind akzeptieren, die in seiner Familie nicht die Toleranz erhält? Abwendungen und Mitleid ist mit Abstand der schlimmste Trost, welcher einem Kind zugemutet werden kann. Die Vorstellung von Gleichbehandlung ist eine misslungene Vision in der Kindheit. Ein Schrei, der ins Leere führt, da es an der Oberfläche niemanden gibt, der einem unter die Arme greifen kann. Es waren unzählige Arztbesuche, die meine Kindheit prägten, und Therapien, die ich absolviert habe, obwohl das Akzeptieren des Verlustes viel einfacher gewesen wäre. Einfach nur eine stressbedingte Schleife, die zur Leistungsabfall führt. Vielmehr empfinde ich weiterhin Trauer, wenn Menschen aufgrund ihrer Krankheiten differenziert eingestuft werden und die Menschheit behauptet, das Recht zu haben – zu wissen, wie es einem innerlich geht. Die Gebrochenheit, vieles in seinem Alter nicht erleben zu können, nicht mithalten zu können, unter anderem viele Erlebnisse mit dem anderen Geschlecht ausleben zu können, weil man sich nicht vollständig fühlt. Nicht zu wissen, zu welcher Gruppe man gehört und zu welchem Anteil in der Gesellschaft. Die Platzierung, die keine Zuordnung findet und zu einem traurigen Albtraum führt. Ein schlechter Witz, dennoch ist es eine wahrhafte Erkenntnis, ausgelöst durch die fehlende Tragbarkeit in der Gesellschaft. Die Vorstellungen der Menschheit, alles immer in einen Kampf zu instruktiveren, ein Indiz für Beschränktheit und das fehlende Selbstbewusstsein vieler Menschen, die dazu führen, um ihr Aussehen als eine schlechte Fassade zu sehen, um ihre schlechten Eigenschaften zu bedecken. Dennoch eine wahre Begebenheit, die einem Kind zur Last fällt, da es nicht die alleinige Verantwortung für solch eine derartige Krankheit tragen kann. Zugleich eine Verlorenheit der eigenen persönlichen Interessen und ein Gerüst der Impression, welches kein Verständnis in der Gesellschaft findet. Es ist die Verlorenheit der Gesichtszüge, aber auch der Verzicht auf Mimik, da es nicht klassifiziert werden kann. Viele Attraktionen, die Mut bedürfen, aber als Ressourcen in der Kindheit nicht ausreichend vorhanden sind. Die Traurigkeit eines Kindes, das kein Verständnis für die eigene Erkrankung findet, und das fehlende Verständnis der eigenen Familie, das zur Isolation eines Kindes führt. Das Merkmal, welches durch Familienstabilität hätte gestärkt werden können, um eine angenehme Erkrankungsphase zu vollziehen, eine rückblickende Enttäuschung meinerseits, da es verbunden mit dem fehlerhaften eigen Konstrukt meiner Eltern vergleichbar ist. Als Kind fehlt das eigene Verständnis dafür, die Verantwortung zu übernehmen, da jedes Kind Wünsche und Vorstellungen verfolgt, die aber im Rahmen einer Erkrankung, welche stark das Aussehen beeinträchtig,t nicht mehr gerechtfertigt werden kann. Als Erwachsener ist der Umgang vermutlich viel einfacher, durch die vielzähligen erlernten Mutproben und die andere Auffassung und die Etablierung in der Gesellschaft durch beispielsweise kosmetische Ergänzungsprodukte. Traurigkeit ist in dieser Geschichte ein weitläufiger Faktor, welcher nicht ersetzbar ist, denn das Aussehen ist anders und die Frage nach dem Warum ist ein Forschungsgebiet, welches keinen Erfolg gezeigt hat. Eltern sollten in dieser Hinsicht mutiger sein und nicht erschöpfende Wörter ihren Kindern zutragen, was eigentlich nur zur Erleichterung ihres Gewissens führt, sondern vielmehr versuchen, es selber zu akzeptieren und das Kind so zu akzeptieren, egal, in welcher Verfassung es sich befindet. Habt alle Mut. Respekt verdient man sich selber durch harte Arbeit, aber auch durch die eigene Stärke und die Akzeptanz zu seinem eigenen Bild. Seht es als Herausforderung und nicht als Niederlage und verachtet euch nicht, denn jeder Mensch ist einzigartig und besonders.

Was ist eigentlich Glück? Wie gelingt es, zunehmend glücklicher zu sein, und ist dieser Zustand von Dauer oder kann er durch Maßnahmen erhalten werden? Inwiefern Glück als Disposition zum Erfolg betrachtet werden kann, werden Sie im Laufe des Buches erfahren. Zunächst einmal folgen die weiteren Erklärungen zu Emotionen, die einen Menschen im Leben begleiten.

2.2 Wut

Die Wut ist eine zerstörerische Instanz, die zu unkontrolliertem Verhalten führen kann, aber auch den Menschen zur Reue verleitet, aufgrund Begebenheiten, die als fehlerhafte Interpretation oder situativ entstandene Impulse zu einer Handlung verleiten, die unter rationalen Gedankengängen hätten besser kompensiert werden können. Es ist vielmehr ein Filmriss verbunden mit negativen Einstellungen, einer negativen Wahrnehmung und Trotz.

2.2.1 Das zerstörerische Gefühl, seinen Standpunkt zu vertreten.

Die Trostlosigkeit, die ich als Kind nicht erhielt, löste in mir eine kindliche Einsamkeit aus, die vielmehr durch die Intoleranz meiner Familie entstanden ist.

Anstatt dessen wurde ich Zeuge eines Anscheins, der sich im Egozentrischen Teil des Erwachsenseins widerspiegelte. Erbarmen kannten diese Menschen nicht, denn Gefühle zeigen konnten sie auch nicht. Sie wussten nicht, was es heißt, anders zu sein. Die Scheu vor der Gesellschaft und ein offenes Ohr für Probleme eines junges Mädchens zu haben. Eine Zeitverschwendung, könnte man in ihren Augen meinen, dennoch waren sie meine Prioritäten. Das alleine Aufwachsen und den eigenen Schmerz zu kompensieren in all dem Reichtum, ist ein Film in den Augen eines Kindes, der mit Verdrängung assoziiert ist. Es ist die bittere Vorstellung und die Frage nach dem „Warum kann meine Familie mich nicht in diesem Zustand akzeptieren?“. Was habe ich meiner Familie getan, damit ich diese Handlungen ertragen muss? Das Verständnis konnte ich nie aufbringen. Meiner Meinung nach waren alle in ihren eigenen Filmen und keiner wollte Reue oder Liebe zeigen, denn sie schämten sich für das Aussehen eines

Kindes, das nicht einmal selber die Ursache ihres Zustandes kannte.

Erfahrungen, die in schlaflose Nächte als Kind führten. Vorstellungen, die einem Kind Angst vor der Zukunft machten.

Meine Wut ist verbunden mit dem Gerüst, welches mir entzogen worden ist. Reichtum und Macht sind eine schreckliche und einengende Vorstellung. Die Tugend in dem Anschein, eine Fassade für die anderen zu bilden, dabei das Innenleben zu versäumen. Die Erwartungen an die Menschheit zu erfüllen, aber den Kern seiner Familie zu vergessen.

Kein Lob für eine gute Leistung zu erhalten, stattdessen Aussagen wie „Warum eine zwei und keine eins!“ zu erhalten. Aber auch sehr motivierende Aussagen wie z.B. „Aus dir wird sowieso nichts!“ Zuzusehen, wie andere Familienmitglieder bevorzugt werden, die den gesellschaftlichen Regeln und Äußerlichkeiten ähneln und nur einen Krümel von etwas zu erhalten, ist eine Erkenntnis, die in einem Kindesauge die „Weltansicht“ verändert. Als Kind andere Kinder zu beobachten, wie sie in einer glücklichen, aber nicht wohlhabenden Familie groß werden und trotzdem einen heiligen Draht zu ihren Familien haben. Eine Vorstellung, die zu beneiden ist. Wie geling es mir in meiner Kindheit, diese Traumata zu kompensieren? Ich habe schon sehr jung meine künstlerische Ader entdeckt, die von meiner Kunstlehrerin gefördert worden ist. Die Kunst gab mir die Möglichkeit, meinen Emotionen freien Lauf zu lassen und mich zu artikulieren ohne eine Einschränkung. Die Erkenntnisse der Einsamkeit in meiner Kindheit lösten in mir eine Vorstellung der Unantastbarkeit aus. Während viele Kinder von einem Freund oder einer Barbiepuppe träumten, hatte ich eine leistungsorientierte Sicht eingenommen mit der Priorität, niemals meine eigenen Werte zu missachten. Für Ungerechtigkeit zu kämpfen und Menschen, die meinen, Diskriminierung als Machtspiele verwenden zu können, eins mit meiner Haltung auszuwischen. Die Ausdrucksform war meine Ignoranz und der Respekt, den ich mir selber entgegenbrachte. Meine Fassungslosigkeit war meine Stärke, die manch einen zum Schwitzen brachte. Den Bezug zu meiner Vorstellung und meiner ausgeprägten Ethik nicht zu verlieren, brachten mich im Rahmen meiner Möglichkeiten sehr weit. Mein Motto war: „Ich fasse nur das an, was ich haben kann“. Diese Einstellung brachte mir Beständigkeit und zugleich Ruhe. Die Ausstrahlung, die ich durch das Selbstbewusstsein hatte, war mein Stolz. Das Leben alleine und in jeder Situation meistern zu können. Anmut wurde mein Branding und ist zu einer unantastbaren Gestik geworden. Ich habe gelernt, alleine zu kämpfen und unabhängig zu sein, somit kam auch der Respekt, den ich mir als Kind gewünscht hätte. Ich empfinde unter anderem Wut, wenn ich an Menschen denke, die sich Pädagogen nennen, deren Ziel es ist, einen Schüler individuell zu betrachten und zu fördern, und die dann ihr eigenes Ziel verfehlen und dem Schüler/Studenten das Gefühl geben, versagt zu haben. Gewiss ist nicht jeder perfekt, dennoch ist jedes Individuum förderbar und formbar. Wütend bin ich, wenn ich an die Angstsituationen in meinem Leben denke, die ich mir nicht gewünscht habe, und mich plötzlich in irgendwelchen Spielen befand, die mich in meiner persönlichen Entfaltung eingeschränkt haben. Vielmehr empfinde ich Wut, wenn Menschen den Weg des Scharlatans bevorzugen, obwohl die Wahrheit und die Einsicht genügend wäre. Die Wahrheit, die ich beanspruchen konnte, hätte mir gewährt werden sollen – ohne dass ich mich darum bemühen muss und ohne Verzicht zu verspüren. Leider ist die Menschheit zu einer egozentrischen Mutation konvertiert, die meint, die Rechte und die Gesundheit anderer rücksichtlos gefährden zu dürfen. Keine Rücksprachemöglichkeit einem Individuum zu gewähren, und somit die Unklarheit zu bevorzugen, somit den einfacheren Weg zu wählen, ist – genauso erbarmungslos.

Dieses Modell ist ein Indiz für ein niedriges Selbstbewusstsein. Es sind Vampire, die einem das Leben erschweren und profitorientiertes Handeln bevorzugen, ohne die Erlaubnis eines Menschen einzuholen. Das ist die Erkenntnis, die mich zuletzt in meinem Leben bereichert hat und für meinen leistungsstarken Abgang verantwortlich war. Der Gedanke holt mich hin und wieder ein, dabei hinterfrage ich mich „Was habe ich getan?“ Ist es meine Ausstrahlung, meine Stärke, meine Fröhlichkeit oder meine aufrechte Haltung, die dafür geführt hat, dass ich zu einer Zielscheibe wurde? Was war es? Und warum hat die Menschheit Angst, das Leiden eines Menschen zu ignorieren und vielmehr die Verantwortung für ihre Handlungen zu übernehmen? Ist es das Schuldgefühl, welches am Ende in ihrem Inneren zur Last wird? Aber warum führt die Menschheit ignoranterweise eine Aktion, eine Handlung aus und missachtet dabei die Gefühle und den Willen der Personen, die darin involviert sind? Ich kann mich an keinen anderen Punkt erinnern, an dem ich mich so angegriffen gefühlt habe wie an den Momenten, in denen ich eine Zielscheibe wurde. Die Diskretion, die meine Einstellung prägte, die Sorgfalt und das Verantwortungsbewusstsein, das ich für viele Dinge in meinem Leben verspürte, nenne ich heute „Illusion“. Die Illusion in mir beschreibt den Antrieb der Verlorenheit und die Diskrepanz zu machtorientierten, minderwertigen Persönlichkeiten, die aufgrund ihres Status in jeder Form (wirtschaftlicher oder gesellschaftlicher Status) ganz gleich in welcher Form meinen, ihre Gedanken und Einstellungen zu erzwingen. Unstrittig ist, dass ich weder manipulierbar bin noch auf meine Werte und Einstellungen verzichten werde. Es ist mir egal, wer vor mir steht und wer meint, mich ins Gefecht werfen zu können. Ich stehe immer wieder auf und nehme die Stellung des Kampfes an. Ich lasse mich weder diskriminieren oder verzichte auf die Verteidigung meiner Werte. *„Ich rede mit jedem Individuum gleich, ganz gleich, ob es der Müllmann oder der Präsident der Universität ist!“. Zit. nach. Einstein, A.*

2.2.2 Die Illusion, die einen Menschen lähmt.

Kein Mensch sollte das Recht haben, einen Menschen in so einer Form zu diskriminieren, dass der Mensch in seinen Rechten eingeschränkt wird. Ein guter Mensch zu sein, bedeutet die Verantwortung für Handlungen zu übernehmen und die Konsequenz zu tragen. Ich hasse mich rückwirkend für die Momente, in denen ich die Wahrheit beansprucht habe und zugesehen habe, wie die Ignoranz mich in die Verlorenheit trieb, und dafür, dass ich zugelassen habe, dass die Illusion meinen

Antrieb blockierte und ich zu einer Persönlichkeit wurde, die nicht mehr ihren ethischen Vorstellungen entsprach. Leider vergeht mir das Lachen, wenn ich an diesen Moment denke. Die Angst zu verspüren und die Ursache nicht zu kennen, die verbunden mit vielen anderen Persönlichkeiten sind, die sich nicht einmal bemühen, um sich zu entschuldigen, die kein Schamgefühl empfinden für ihre unmenschliche Art und Weise. Ein Karussell der Verlorenheit. Im Krankenhaus konnte ich mich von meiner Vergangenheit lösen und hinterfragte jeden Tag die Situationen, die mir widerfahren sind. Die Kraft nicht mehr zu haben, sein eigenes Lebensziel zu vervollständigen und verdrängt zu werden in die Einsamkeit, die ich schon wieder als kleines Mädchen verspürte. Ich war nie einsam, dafür sorgte mein Umfeld. Die Aufmerksamkeit, die ich durch aufrichtige Menschen erhielt, die mich besonders schätzen und mir in dieser Zeit Mut gaben, um wieder aufzustehen und an meinen Zielen festzuhalten, sind meine Helden. Das ist die wiederkehrende Wertschätzung, die ich all die Zeit der Menschheit entgegengebracht hatte, die verbunden mit Respekt und einer endlosen Dankbarkeit zu einem Konstrukt der Gegenseitigkeit wurde. Menschen sollten dankbar sein können, für alles, was sie besitzen, denn es kommt irgendwann der Moment, an dem man sich zurückzieht und nichts mehr hören möchte, und an dem die Einsamkeit, die manch einem Angst macht, bevorzugt wird, um wieder aufstehen zu können. Motivationen und Emotionen sind ein signifikanter Baustein in dieser Hinsicht, um gewiss und aufrichtig an seiner Persönlichkeit zu arbeiten und die Niederlagen, aber auch positive Ereignisse zu verarbeiten. Der Mensch ist das, was er sieht und gelernt hat. Der Punkt an der Sache ist, dass Menschen aber einen freien Willen haben, um zu entscheiden, ob sie, in welcher Kondition, mental, aber auch emotional in jeder Ausprägung psychologisch und physiologisch das Gefühl empfinden. Es kommen auch Situationen vor, die situativ entstehen, dabei gilt es, Ruhe zu bewahren einen strategischen Plan zu erstellen und unter anderem zu verinnerlichen „Wo will ich hin?“, „Was will ich damit erreichen?“, „Ist das der richtige Weg?“ Kein Individuum sollte Angst haben negative Ereignisse als Niederlage zu erkennen und darauf aufzubauen. Sie sind rückblickend eine Bereicherung und die Herausforderung besteht darin, den Kern reflektiert zu haben und die Situation als einen erfolgreichen „Schlag ins Gesicht“ zu sehen. Manche Schläge sind ein Wunder und die anderen hinterlassen Narben. Die Schmerzen, die verbunden mit Narben sind, sollten dahingegen als ein Geschenk gesehen werden.

Jedes Mal, wenn sie in Sicht kommen, sollte es eine Warnung sein, die verbunden mit einer positiven Affirmation ist. „Ich bin ich und so will ich sein, so soll es auch sein.“ Nicht jede Niederlage ist negativ zu bewerten, es braucht Zeit, den Schmerz zu kompensieren und eine Alternative zu finden an dem Punkt, wenn die Wut ein Individuum einfängt. Emotionen sollten nicht unterdrückt werden, auch wenn manch einer es als Schwäche sieht, es ist eine einzigartige individuelle Art und eine Bereicherung, die die Kommunikationsstärke eines Menschen prägt.

Haben Sie eine Illusion?

2.3 Trauer

Trauer ist verbunden mit Verlusten, die einem Menschen im Laufe der Jahre widerfahren. Es ist die Erkenntnis, etwas zu verlieren oder nicht ersetzen zu können.

2.3.1 Das langanhaltende Gefühl, das Narben hinterlässt.

Trauer ist eine langanhaltende Situation, die das Gemüt eines Menschen sehr beeinflussen kann. Die Frage ist, wie kann ein Mensch trauern, wenn er keine Liebe zum Nächsten empfindet? Die Ansicht ist eine traurige, aber auch eine kühle Wahrheit, die tief in meinem Herzen verankert ist. Meine Oma starb vor zwei Jahren, die Frau, die mich zu der geformt hat, die ich heute bin. Ihre Einzigartigkeit, ihr Einfallsreichtum, ihr Elan und die Starrheit, die sie zu einer starken Persönlichkeit machten. Ein Idol, das in dieser Verfassung nie wieder erscheinen wird. Eine Frau mit Stil und Stärke zu sein, ist in vielen Gesellschaften eine Problem, da sie verbunden mit Abgrenzung ist. Die Menschheit ist leider weiterhin im Inbegriff zu verstehen, dass für ein starkes Selbstbewusstsein oder ein strahlendes Aussehen keine Macht, aber auch kein Mann und letztlich auch kein Status dafür verantwortlich sind. Es ist Liebe zu sich selbst. Wann war ich traurig? Gewiss an den Tagen, als ich mich alleine mit der Verlorenheit und dem Scheitern zurückzog. Ich war traurig, als ich vollbepackt mit Geschenken und materiellen Gütern wurde, welches in mir nur Stigmatisierung auslöste. So einfach sollte es nun auch nicht sein. Keinen Gedanken an ein Kind zu verschwenden, aber alle materiellen Möglichkeiten zu suchen, nur damit man seine gesellschaftliche Rolle erfüllt. Die Frage ist, für wen war diese ganze Publicity? Für mich? Nein, bestimmt nicht!

Es ist ein Teil der Fassade, die die materielle Stärke mit sich bringt. Traurig war ich, als ich die verlorene Zeit nicht durch ein Erbarmen, Selbsthilfe und Liebe ersetzten konnte.

Ja, Trauer ist die Art, zu der ich sehr oft in meinem Leben gelange, die Furcht, verbunden mit der Angst, die Trauer, die Gefahr, zugelassen zu haben und einfach Geduld gezeigt zu haben in jeder Hinsicht, nur damit die Vorstellung aufhört, ohne etwas von meiner Persönlichkeit Preis zu geben.

Jeder Mensch ist anders und individuell, aber manche Menschen verstehen eben nicht das „Nein“. Warum nicht? Es ist meistens verbunden mit der Erziehung. Diese Menschen haben gelernt, alles zu erhalten, ohne dafür zu streben, deswegen haben sie eine starre Einstellung zu Menschen, die versuchen, sich selber treu zu bleiben und versuchen im Rahmen ihrer Möglichkeiten voranzuschreiten. Diese Menschen sind egoistisch und tolerieren die Meinungen anderer nicht, sie haben Angst verletzt zu werden und profitieren von der Güte der Personen, die mit Fleiß und Aufrichtigkeit Ihre Ziele erreichen wollen. Heute bin ich traurig, wenn ich auf die Zeitverschwendung zurückblicke, die ich heute erkannt habe und die in mir eine tiefe Narbe hinterlassen hat. Vielmehr frage ich mich, in welchem Karma ich stecken muss, dass mir zwei gleiche Ereignisse in meinem Leben in zwei verschiedenen Abschnitten widerfahren. Einmal die Lehrer, die ein Kind und die

Leistungen eines Kindes missachten und dieses nur als Störfaktor sehen und meinen, ihm einen Gefallen zu tun und dabei das Kind noch mehr in ein Konstrukt zu verschieben, mit dem es sowieso schon Probleme hat. Und das zweite Ereignis ist, rücksichtlos Fehler zu erlauben, die einem Menschen die Träume rauben. Die Wissenschaft belegt viele Modelle, die dazu führen, Emotionen, Gedanken und Situationen zu verdrängen oder zu verarbeiten. Die Frage ist jedoch, sollte ein Mensch die Art des Abschiedes wählen? Ja, sollte es! Es ist mutig, wenn der Mensch versteht und akzeptiert, dass es der falsche Weg war. Es tut unheimlich weh und verursacht einen Schmerz und eine langanhaltende Trauer, aber auch dies ist manchmal eine Art Stärke, auch wenn es vorerst nicht den eigenen Zielen und Wünschen entsprechend ist. Es gibt immer einen Weg, den Schmerz zu kompensieren. Ich bin traurig, dass ich wahrscheinlich nicht mehr den Mut haben werde, um mich stundenlang in die Bibliothek setzen zu können und mich in die weite Welt der Wissenschaft meiner Leidenschaft zu begeben, aber ich freue ich mich auch, wenn ich sehe, dass die Menschen, die dafür verantwortlich sind, vielleicht mit dem eigenen Gewissen konfrontiert werden und eines Tages die Initiative ergreifen werden und auch wenn es eine kleine Geste ist, den Moment mit einer Bereicherung zurückzugeben versuchen, die mir gestohlen wurde.

2.3.2 Die Hinterfragung der Modelle!

Warum sind Wertschätzung und die Anerkennung für einen Menschen sehr wichtig? Es ist die Art, Dankbarkeit und Freude auszustrahlen, die Menschen ernährt und jeder kleiner Anreiz verwandelt sich in den inneren Antrieb. Es ist schön zu hören, dass der Mensch auf dem richtigen Weg ist und dass es Menschen gibt, die daran glauben, was der Mensch versucht zu kompensieren. Es ist eine wegweisende Maßnahme, die verbunden mit positiven Assoziationen ist, die einen Menschen erfreuen und motivieren können, seinen Weg voranzuschreiten. Es ist keine schöne Art, einem Menschen andauernd zu sagen, wie schlecht er ist! Vielmehr sollte in dieser Hinsicht die Selbstreflexion betrieben werden und die Frage nach dem Warum gestellt werden. Was macht sie/er falsch? Wie kann ich sie/ihn dazu bewegen, dass sie/er an ihr/seinen Defizite arbeitet? Am wichtigsten ist natürlich zu hinterfragen, ob die Problematik an einem nicht selber liegen kann! Diese Hinterfragung der eigenen Persönlichkeit ist mit einem Wagnis verbunden, das nur Menschen mit einer hohen Selbstwirksamkeit und ein kritisches Denken vollziehen können. Erwartungen an Menschen zu haben, dabei sich nur hinter einer Fassade zu verstecken und immer einzukassieren, obwohl das Individuum eigentlich nur nach Hilfe ruft, ist vergleichbar mit einem Kind, das nachts schreit, für das die Eltern aber keine Zeit haben. Es ist wichtig, gerade in heutiger Zeit, den Menschen zu verstehen und die Anerkennung zu geben, die sie auch verdienen. Dafür ist eine hohe Selektion notwendig, da diese kleinen Nuancen ein Wunder bewirken können. Kritik ist meistens verbunden mit Trauer, Wut und vielleicht auch mit etwas Wahrhaftigkeit oder dem Bedürfnis, zur Verbesserung beizutragen. Es ist verbunden mit der Äußerung der stigmatisierenden Wünsche und Vorstellung eines Individuums, um zu einer Verbesserung beizutragen. Die Problematik, dieser Auseinandersetzung in dieser Hinsicht, ist mit Ehrlichkeit und einem Wagnis, Kritik auszuüben verbunden.

Beziehungen sind formbar und Trauer ist die emotionale Tendenz, wenn man zu viel von sich preisgegeben hat. Jeder Kampf hat ein Ende! Aber haben alle Kämpfe einen Sieger? Manchmal ist der Kampf ein Beitrag, seine Unabhängigkeit zu erlangen, seinen Standpunkt zu vertreten und seine Würde zu vertreten. In diesen Kämpfen kann es keinen Sieger oder Verlierer geben, da sie individuell sind. Resultierend darauf sollte hinterfragt werden, ob die Trauer, die am Ende entrichtet wird, lohnenswert empfunden wurde. Jeder Abschied ist mit einer Trauer verbunden und der Weg ist vollbracht, wenn das Individuum einen Weg gefunden hat, mit seinem Gewissen zu leben.

2.4 Freude

Freude ist eine positive Emotion, die viele Hormone auslöst, und sie kann als eine Bereicherung definiert werden.

Jedes Empfinden ist individuell und Freude kann durch eine kleine Erinnerung, ein Foto, einen Song, aber auch durch den Moment ausgelöst werden.

Die Einsicht des Widererwachsens!

Freude ist ein Begriff, der heutzutage sehr wenig wahrgenommen wird, da jeder in seinem eigenen Element ist. Verbunden mit dem Zeitmangel, das durch die verlorene Zeit, des Versäumnisses nicht mehr zurückgewonnen werden kann. Der Anschein, „alles und jedem" alles recht zu machen und dabei den schönen Moment des Lebens zu versäumen. Die zeitlichen Ressourcen werden, stattdessen für zeitintensive Aktivitäten und stressbezogenen Applikation ähnlichen Attribute bevorzugt, hierbei entsteht die Konsequenz, dass die eigene Zeit für sich und die kleinen Dinge im Leben nicht gesehen werden können. Diese Vorstellung wird Ideal genannt. Ich bevorzuge die Ruhe und die Zeit für mich und vertrete die Meinung, dass die Bestärkung der Freude durch Selbstreflexion und eine gute Balance hervorgerufen werden kann. Schöne Momente hatte ich auch in meiner Kindheit, diese sind leider alle mit der materiellen Stärke meiner Familie verbunden. Ich kann mich an einen Moment in meiner Kindheit erinnern, da war ich vier oder fünf Jahre alt und der Eismann kam um die Ecke. Mein Vater war wie immer so gütig und wollte nicht, dass die Nachbarschaftskinder kein Eis erhalten, also gab er meiner Schwester reichlich Geld, um die Menschheit zu versorgen. Leider war am Ende von diesem Ganzen nichts mehr für mich übrig, weil meine Schwester alle anderen bevorzugt hat, anstatt mich als ihre Schwester. Also ging ich heulend nach Hause und beschwerte mich bei meinem Vater. Dieses Erlebnis prägte meinen Gerechtigkeitssinn und war zugleich der schönste Moment voller Freude in meinem Leben. Er ging mit mir in den „Penny-Markt" und ich hatte die freie Wahl. Da ich schon immer ein bescheidener Mensch war, nahm ich mir drei „Magnum-Eissorten" und aß sie voller Trotz vor allen anderen. Es gab aber auch Momente, wo meine Familie für einen Moment den Wunsch verspürte, gemeinsam gesellschaftliche Aktivitäten zu unternehmen, u.a. im Freien, oder Zeit hatte für Freizeitparks und Messen, die immer verbunden mit Spaß waren. So schlecht war meine Kindheit auch nicht, aber geprägt von vielen Impulsen, die ich mir nicht gewünscht habe.

Freude hat für mich erst einen Sinn gewonnen, als ich Mutter wurde, davor habe ich um meinen Platz in der Gesellschaft als Frau kämpfen müssen. Der Moment des Lächelns eines Babys und der Duft meiner Kinder lösten in mir Freude aus. Vielmehr war es der Gedanke, nicht mehr alleine zu sein und die schlechten Erlebnisse und Ereignisse meiner Kindheit durch Liebe und Freude zu ersetzen. Ich hatte eine klare Vorstellung, was ich auf gar keinen Fall werden möchte und was ich meinen Kindern vermitteln wollte. Es war der Schlüssel zur Selbstliebe und der Stolz, zwei wundervollen Wesen ein Hafen werden zu können. Die Freude in jeder Sekunde des Fortschrittes der individualistischen und kreativitätsfördernden Maßnahmen zu stärken, dabei sie mit Freude und Glück und einem Konstrukt auszustatten, das sie unantastbar machen sollte. Zu wissen, wie weit ein Mensch gehen darf und wo die Grenzen anderer Menschen sind. Zu teilen, ohne etwas dafür zu erwarten. Den Menschen wertzuschätzen, wie er ist, und nicht, was er kann. Dankbarkeit zeigen zu können und niemals die Menschen zu vergessen, die anders sind oder die nicht die gleichen Möglichkeiten teilen, die sie von mir gestellt haben. Die Grenze der materiellen und immateriellen Stabilität zu erkennen und anzuwenden ist eine Herausforderung für manch Erwachsene. Das sind ethische Grundzüge, die meine Kinder gelernt haben, die mich jeden Tag durch ihre Handlungen erfreuen. Es gibt nichts Schöneres auf der Welt, als so viele Emotionen auf einmal zu erleben. Ich habe gelernt Abstand zu halten und Menschen, die sich meine Nähe wünschen, erstmal auf die Probe zu stellen. Dieses ist mir durch die ergebnisreiche Analyse in meiner Kindheit als systematischer Grundzug zum Überleben verinnerlicht worden. Die Treue, die ich in meiner charakteristischen Stärke wiederfand und ausstrahle, habe ich all den Menschen zu verdanken, die mir, die Freude genommen haben, meine Ziele und Wünsche zu vervollständigen. Menschen sollten lernen mit weniger zufrieden zu sein und die Freude im Guten zu sehen und sich nicht als unantastbare Wesen zu empfinden, die gleichgestellt mit emotionslosen Handlungen oder Einstellungen sind. Emotionen sind genial, wenn sie ausgelebt werden können, lehrreich und erkenntnisreich unter anderem einzigartig und besonders. Ich empfand Freude, als ich Menschen mit einem Status kennenlernte, die bereit waren, ihre Hilfe anzubieten und nicht die menschlichen Werte vergessen hatten. Die bereit waren, ihre Zeit zu opfern, mit der Hoffnung, einen positiven Beitrag zu leisten. Menschen sollten in der Lage sein, ihre Ressourcen für Freude zu verbreiten. Meine Großmutter sagte immer „Es ist der Weg zur Vervollständigung.“ Heute weiß ich, was sie damit gemeint hat. Es ist die Art und Weise, an einem Menschen Potenziale gesehen zu haben und dazu seinen Beitrag zu leisten, damit der Mensch einen weiteren Meilenstein gehen kann, und am Ende bleibt der Moment der Freude. Freude empfand ich auch, als ich erkannt habe, dass das Weltbild der Menschheit nichts mit einem Status oder Bildung zu tun hat, denn im Gegenteil: Menschen, die nach ihren eigenen Werten und kulturellen Begebenheiten lebten und versuchten, im Rahmen ihrer Möglichkeiten glücklich zu werden, hatten eine weltfreie und menschenfreundlichere Art gegenüber mir, die ich als eine Bereicherung und Wärme verbunden mit Warmherzigkeit und die Toleranz sowie Akzeptanz meines Selbstbildes empfand. Es ist ein schönes Gefühl „So wie du bist, bist du schön“ zu empfinden.

Welche Momente erfreuen Sie?

2.5 Liebe

Liebe ist ebenso wie Freude und Glück eine positive Emotion. Sie unterscheidet sich in der Ausprägung und im Verhalten. Menschen, die frisch verliebt sind, werden trüb. Sie verhalten sich anders und benehmen sich so, als würde es nichts anderes auf der Welt geben. Es ist eine Wahrnehmungsveränderung, die in einem einzigartigen Spiel endet.

Die Gefahr ist die Verblendung und die Einsicht, dass es auch andere Dinge auf der Welt gibt. Die Priorität ist die Abwechslung und die Sortierung dieses Gefühls, damit kein Hass entsteht. Menschen können lieben, aber zugleich hassen – da diese Emotion verbunden mit Opferung und Hingabe gleichgesetzt werden kann.

Liebe ist vielfältig und kann sich zu jedem Objekt, Wesen oder Pflanze unterscheiden.

Das Gefühl, nach Liebe zu streben

Liebe ist eine selbstlose Bemühung und das Streben nach Wünschen und danach, die unersetzlichen Momente des Lebens zu vervollständigen. Eigentlich sind Menschen in der Lage, alles und jeden zu lieben. Der Kehrpunkt ist, die einzige Liebe, die niemals wiederkommt, ist die, die man zu einem anderen Menschen nicht empfinden kann, weil die Vorbilder einem ein schlechtes Bild hinterlassen haben. Jeder Mensch ist individuell und einzigartig, dennoch ist Erziehung verbunden mit vielen Faktoren und die Funktion der Vorbilder mit einer Kette von Bildern, die in einem eine anspannende Emotion hinterlassen können. Ich habe nie gelernt zu lieben und ich vermute, dies wird mir auch nicht gelingen. Die Angst, meine Fassade zu verlieren, wenn ich mich vollkommen gehen lasse und zu einem verlorenen Konstrukt werde, ist in mir so sehr verankert, dass ich dieses Gefühl für meine Gesundheit nicht vollkommen zulasse. Ich habe stattdessen die Unantastbarkeit meiner Emotionen und die Entkodierung der Emotionen anderer gelernt. Ich habe gelernt, wie man Menschen, die man liebt, das Gefühl übermittelt durch nonverbale Gestik. Während meiner Lebensjahre habe ich diesen Begriff selber erneut definiert, ohne mich bedürftig fühlen zu müssen. Ich habe mir im Laufe meiner Erwachsenenjahre ein eigenes Imperium aufgebaut, das befüllt mit Kleinigkeiten und Input der gleichgesetzten Bedeutung und der Begrenztheit von Selbstopferung und Respektlosigkeit verstanden werden kann. Ich empfinde jeden Tag und jeden Moment Liebe auf irgendeine Art. Ich empfinde Liebe, wenn ich mir als Mensch treu geblieben bin. Ich empfinde Liebe, wenn man sich freut, mich zu sehen. Vielmehr, wenn ich das Gerüst vieler Kinder und bedürftigen Menschen sein kann und sie sich dafür lediglich bedanken, ihren Schmerz abgenommen zu haben. Ich verbalisiere weiterhin Emotionen durch meine kreative Ader und versuche Millionen von Menschen an den kleinen Nuancen teilhaben zu lassen. Jeder Fortschritt auch, wenn es verbunden mit viel Kraft und Eigenleistung ist, ist für mich ein liebenswerter Moment. Wenn ich mein Imperium voller Ruhe und Schutz betreten kann und meine Kinder voller Freude auf mich zu rennen, weiß ich, dass ich alles richtig gemacht habe. Alles andere ist ersetzbar, dies ist die einzige Liebe, die ich schöpferisch und gütig vermittle, um den Glanz in ihren Augen sehen zu können. Es ist nicht zerstörbar und einzigartig, was mich zugleich ernährt. Jeder Morgen und jeder Abend, an dem ich bei ihnen bleiben kann und sie bereichern und mit ihnen das Leben erproben darf, ist für mich ein Geschenk Gottes. Es ist die Vervollständigung meiner Einsamkeit und die Bereicherung, die mir meine Lebenslust mitbringt. Jede Krankheitsphase meiner Kinder und jeder kleine Augenblick, an dem sie Trauer empfinden, ist für mich eine Erfahrung, um nicht die gleichen Fehler meiner Familie zu wiederholen. Es ist die Kunst, die Kinder dort abzuholen und wieder in die Stabilität zu bringen.

Wie interpretieren Sie Ihre Emotionen?
Was haben Sie empfunden, während Sie den Text durchgelesen haben?

2.7 Glück

In diesem Abschnitt des Experimentes wird die Frage nach dem Glück erforscht und zuletzt folgt die eigentlich sinnliche Folgerung aus meinem Leben. Warum können Menschen nicht glücklich sein?

Das Glücklichsein, das subjektiv empfunden wird und in jedem Individuum andere Ausprägungen annimmt, erforschte William James (1902, S. 76). Er kam zu dem Schluss, dass dieser emotionale Zustand bei jedem Menschen andere Erscheinungsformen aufzeigt. Zu der Begrifflichkeit „Glück" gibt es keine universelle Beschreibung. Glück ist für jeden Menschen anders und ebenso physiologisch und psychologisch definierbar.

Die Untersuchungen von Diener und Lucas (2004) zeigen auf, dass Familienangehörige, die ihrem Nachwuchs Glück wünschen. Der mental positive Zustand eines Individuums bewirkt positive Lebensumstände, führt zu positiven Entscheidungen und einer gesünderen Einstellung. Daraus resultiert ein Geisteszustand mit einem geringeren Fehlerquotienten (vgl. Lykomirsky, 2005; Myers, 1993). Friedrickson (2002, 2003) untersuchte die Leichtigkeit im Glücklichsein. Ihm zufolge bewerten Menschen, die glücklich sind, viele Geschehnisse positiv und weisen Persönlichkeitsmerkmale wie Kreativität und Spielerei auf. Salovey (1990) stellte fest, dass Menschen, die glücklich denken, gemeinnützig handeln. Die Tendenz liegt in der positiven Disposition, Glück zu empfinden und dieses Gefühl auf andere Menschen zu übertragen. Taterkiewicz (1976) vertritt eine andere Definition des Glücks. Er nahm an, dass die persönliche Entwicklung und entwicklungspsychologische Komponenten für die Ausprägung der Definition des Glücklichseins entscheidend ist und bestimmen, wie Menschen Glück empfinden. Die subjektive Kognition bestimmt sozusagen die Ausprägung und ist abhängig von „Stereotypen und Mustern", die während der Entwicklungsphase (dominierender) empfunden worden sind.

Demnach ist festzustellen, inwiefern „Glück" als Faktor betrachtet werden kann in Bezug auf die Dauer des Empfindens oder die Zeitschleife des emotionalen Prozesses und die damit verbundene Ausprägung. Die Untersuchungen von Watson (2000) und Kahnemann (2004) messen den Zustand, den das Glücklichsein hervorruft. Die Studie ergab, dass negative Faktoren ein Hindernis für das positive Empfinden nach den weiteren Versuchungen (vgl. Affleck, 1994; Bolger,1989; Stone und Neale, 1984) wie (Glück, Freude) darstellen. Die Voraussetzung für das Glücklichsein kann bereits vorliegen, wenn negative Empfindungen ausgeschlossen werden, wie beispielsweise Trauer, Streit, Wut, körperliche Belastung. Die Laune ist demnach ein Kriterium des Empfindens.

Demzufolge ist zusammenfassend als Ereignis zu berichten, dass negative und positive Komponenten des Erlebens und Empfindens als regulierbar definierbar sind. Die Ergebnisse haben gezeigt, dass schlechte Laune nach anhaltender Bewertung und Regulation etwas zu positiven Zuständen beisteuern kann. Dramatische Ereignisse wie Todesfälle eines nahestehenden Angehörigen, aber auch dramatische Ereignisse wie beispielsweise Missbrauch können zu einem anhaltenden negativen Gemütszustand führen. Daraus können Depressionen resultieren.

Empirische Untersuchungen

Um die Fragestellung, was Glück ist und was einen glücklichen Menschen ausmacht, zu beantworten, könnte man Menschen mit Einschränkungen nach ihrer Definition von Glück befragen.

Die Studien von Kahnemann (2005) thematisieren querschnittsgelähmte Menschen, d.h. Menschen, die ihre motorischen Funktionen verloren haben und nicht aus eigener Kraft ihren Körper kontrollieren und demzufolge nicht eigenständig handeln können. Das ist die Interpretation, nach der die Betroffenen ihre Situation akzeptieren und wieder Glück empfinden können. Nach den Untersuchungen von Lucas (2005) können sie das zwar nicht wie „normale" Menschen, aber in dem in ihrem Rahmen möglichen Empfinden verneinen sie das Gefühl nicht.

Gilbert (1998) erforschte die Komponente Empfinden bei Studierenden, die nach dem Absolvieren ihres Studiums erfolglos auf der Suche nach einer Arbeitsstelle waren. Es ergab sich, dass die Studierenden damals sehr lange nach Arbeit gesucht, aber die Hoffnung aufgegeben hatten und der Meinung waren, dass sie für immer unglücklich sein würden oder sogar hoffnungslos sterben würden. Es zeigt sich, dass dem nicht so war, denn sie waren genauso hoffnungslos bzw. glücklich mit dem Job – auch zehn Jahre später.

Für viele Menschen ist die materialistische Stärke ein Indikator, um Glück empfinden zu können. Allerdings ist die Frage zu stellen, ob Glück empfunden wird, weil sie nach einem Prestige leben, das für viele nicht erreichbar ist, oder empfinden sie im Geld ein materielles Glück, das sie von anderen unterscheiden kann?

Diese Frage beantwortet Brickmann (1978) wie folgt: Er ist der Meinung, dass die kurze Dauer geprägt durch Euphorie und den Anschein, dass der Erfolg nun zu einer Dauerschleife wird, eine zeitbezogene Variante ist. Die Wahrnehmung weist eine trügerische Tendenz auf, nach der Annahme des Gewinns – vorausgesetzt jemand spielt Lotto. Der Faktor Glück – wie vorher annehmbar – ist gleich zu bewerten. Die unerwartete Komponente, z. B. über eine Erbschaft an Geld zu gelangen, zeigen Diener und Oshi (2000), Gardner und Oswald (2011).

McCullough (2014) kam zu dem Schluss, dass Menschen, die eine höhere Dankbarkeit und auf mentaler Ebene einen stärkeren Willen für Dankbarkeit entwickelt haben, eine höhere Tendenz zum Glücklichsein aufzeigen. Demgegenüber stehen Menschen (Ryan, 1999), die die Annahme vertreten, dass Reichtum das Glück beeinflusst. Dabei hat sich gezeigt, dass reiche Menschen eher unglücklich sind.

Freude und Glück (Phillip Mayring), die neuere Forschung untergliedert die Emotionsforschung in drei Rubriken: die Sozialindikatorenforschung, die Gerontologie und die psychologische Stimmungsforschung.

Die Unterscheidung der oben genannten Begrifflichkeiten liegt spezifisch in der Unterscheidung und in der Messmethode der Gesamtheit. Die Sozialindikatorenforschung (vgl. Andrew und Whitey, 1976; Glatzer und Zapf, 1984; Peters und Zeugin, 1979; Veenhofen, 1996) misst die Indikatoren und vertritt die Hypothese, dass die gesellschaftliche Komponente wie das Glückskind und die Zufriedenheit mit der Rolle in der Gesellschaft zu einem sättigenden Gefühl des Glücks führen können. Es werden die Bereiche Freizeit, Familie und soziale Aktivitäten betrachtet. Die Gerontologie untersucht das Phänomen des Glücklichseins in Bezug auf eine positive Entwicklung im Prozess des Alterns (vgl. Baltes und Baltes, 1990; Thomae, 1984). Die psychologische Stimmungsforschung (Schwartz, 1987; Abele, 1995) ruft in künstlichen Experimenten positive und negative Stimmungen hervor, um wesentliche Hypothesen ableiten zu können. Durch diese Annahmen und Untersuchungseinheiten wurde die Forschungstendenz vermehrt auf den Faktor des Wohlbefindens ausgerichtet. Dadurch entsteht eine neue Forschungsrichtung mit dem Fokus auf das Wohlbefinden (vgl. Abele und Becker, 1991; Strack, Argyle und Schwartz, 1991).

Das Wohlbefinden wird, um eine möglichst genaue Untersuchung zu gewährleisten, in vier Indikatoren untergegliedert. Die Belastungsfreiheit sieht den Zustand eines erholten Geistes und Körpers vor. Aber auch die Freude, des Gutfühlens und somit (kognitiv) dieses Empfinden weiterzuleiten. Die Komponente der Zufriedenheit betrifft die kognitiven Aspekte. Diese Messung schließt weitere Komponenten, wie die der Trauer, aus.

Daher sind der höhere Bedürfnisreiz und die damit empfundene Bedürfnisbefriedung entscheidend (vgl. Tunner, 1983; Ulrich und Mayring, 1999).

Denken Sie an einen schönen Moment, an dem Sie sich glücklich gefühlt haben:

2.7.1 Das Gefühl des Glücks

Das Gefühl des Glücklichseins und Plausibilisieren ist eine Kunst, die mit vielerlei Facetten und Anspannung im Leben verbunden ist. Dies ist meine Interpretation von Glück.

Glück beruht auf einer individuellen Reflexion der Emotionen, das Ausmaß ist ein Grundziel menschlicher Bedürfnisse. Dies ist als eine Überlebensstrategie zu betrachten, um die Bedürfniserhaltung beibehalten zu können. Glück ist individuell und einzigartig, denn es ist nicht mit einem Status verbunden, sondern mit dem einzigartigen Gefühl, das in allen Phasen des Lebens als eine Bereicherung zu sehen ist. Die Erfüllung des Glücks ist ein Wert, für den es sich zu kämpfen lohnt. Dagegen steht die Gleichgültigkeit. Liebe und Glück sind zu verknüpfen, um Gefühle zuzulassen, die für eine Vervollständigung wertvoll sind. Aus diesem Gefühl der Erhaltung sind eine Zeitdimension und eine Vollstreckung für die individuelle Entfaltung zu sehen, um Eigenschaften wie machtorientiertes Handeln und Selbstlosigkeit im Streben nach dem Empfinden der Befreiung zu definieren. Die Opferung und alle Facetten zu entfachen, um eine gesunde Linie anstreben zu können. Glück hat mehrere Facetten.

Welche Erfahrungen haben Sie gemacht?

2.7.2 Was bedeutet Glück auf individueller Ebene?

Für mich ist Glück, wenn meine Kinder glücklich sind. Wenn sie eine zufriedene und reichhaltige Erziehung genießen und sich individuell entfalten können. Ich möchte der Anker für meine Kinder in ihrem Leben sein und kein Hindernis. Insbesondere frage ich mich rückblickend, ob meine Eltern nie versucht haben, das Glück zu sehen oder sich gefragt haben, inwieweit Glück zu empfinden ein Beitrag zur Bewältigung stressbezogener Situationen gewesen sein könnte? Warum fiel es diesen zwei Menschen wohl schwer, nach Glück zu streben? Die Antwort liegt in den erzwungenen Mustern und der fehlerhaften Struktur zweier Menschen, die ihre eigenen Ziele nicht erreicht haben. Die weitere Frage ist, wäre meine Mutter glücklicher, wenn sie ihre beruflichen Ziele hätte erreichen dürfen? Es wäre vermutlich für ihr Selbstwertgefühl und die Standhaftigkeit, auch einen akademischen Titel zu erhalten, ein hoher Erfolgsquotient, aber keine Zusicherung, um die Zuwendung und die nötige Reife, aber auch Toleranz als Mutter aufbringen zu können. Meine Mutter kam nach Deutschland mit dem Glauben, studieren zu dürfen, befand sich demnach in der Routine zweier Kulturen, die eine Barrikade zwischen ihrem wohlhabenden, akademischen Haushalt und ihrer Erziehung aufgebaut hat. Ich habe vieles meiner Oma zu verdanken, denn durch die Erziehung ihrer Kinder konnte meine Mutter viele Erfahrungen und kulturelle Besonderheiten, geprägt durch eine weite Auffassung von Modernität, auf uns übertragen. Leider endete diese Vollziehung mit der Eheschließung zu meinem Vater. Dieses dramatische Ereignis in ihrem Leben, keinen Anker zu ihrer gewohnten Umgebung gefunden zu haben, aber trotzdem versucht zu haben, im Leben unabhängig von den Eltern und der Familie Kinder großzuziehen ohne Hilfe in Anspruch zu nehmen, das ich der respektvolle Teil im Andenken an meine Mutter. Selbstfindung und die Erhaltung der eigenen Konstrukte sollten vorher geregelt und zielführend beobachtet werden, sodass die Kinder auch Chancen erhalten, die Ausstrahlung einer selbsterfüllten Mutter zu genießen. Im Gesamten bin ich ihr dafür dankbar, dass sie versucht hat, an meiner Seite zu bleiben und in ihrem Rahmen das bestmögliche an mich zu übertragen.

Was würden Sie bevorzugen, um Glück zu empfinden?

3. Persönlichkeit

Warum ist die Persönlichkeit ein wichtiger Punkt, um die Lebenserhaltung zu stärken?

Persönlichkeit entwickelt sich im Laufe des Lebens, ist ein anhaltender Prozess für die Stabilität des Individuums und kann als Ressource sowie als Steigerung für die Gesundheit gesehen werden. Die Persönlichkeit dient der persönlichen Entfaltung und ist ein Konstrukt aus Erfahrung und Wiedererkennung. Die zeitliche Befassung mit Dispositionen und Gebilden des individuellen Charakters gibt Auskunft über Stärken und Schwächen. Dabei ist der Mensch in seinem ganzen Prozess nie vollständig. Die Ausformung der Persönlichkeit und das Erkennen seiner Potenziale bedürfen viel Stärke und Selbstfindung. Wenn ich mir meine Lebensgeschichte anschaue, habe ich mein Leben als Konstrukt vervollständigt und bin in einer guten Verfassung, meine eigene Persönlichkeit zu finden und mich zu erfahren. Es geht darum, die Grundzüge und die Gleichgültigkeit des Lebens zu erlernen und ab jetzt für mich und meine Ziele zu leben.

4. Selbstwertschätzung

Die höchste Einheit der Selbstwahrnehmung

Wie kann die Begrifflichkeit „Selbstkonzept“ verstanden werden und wie kann diese Ressource als stärkende Maßnahme umgesetzt werden?

4.1 Selbstkonzept

William James stellte 1980 den Grundsatz des Selbstkonzepts auf. Er unterschied zwischen Ich und Mich, beides ist für die eigene Identifikation wichtig. Das Ich betrachtet die Persönlichkeit als Subjekt und das Mich interpretiert die Handlungen. Das Selbstkonzept fokussiert wiederum den stabilen Anteil der Persönlichkeit. Diese ist der Maßstab der Wissensanteile eines Menschen und für die verfügbaren Präferenzen zuständig. Asendorf (2015) beschreibt das Selbstkonzept als dispositionellen Faktor, das auf charakterliche und persönlichkeitsbezogene Präferenzen zurückgreifend verstanden werden kann. Diese Erkenntnis unterscheidet wiederum zwei Faktoren: das Selbstkonzept und das Ideal, beide unterscheiden sich im Ausmaß der Verwirklichung und im Erkennen der individuellen Eigenschaften. Zudem sind diese ein Vergleichskonstrukt der Reflexion und die Betroffenheit der Schwächen sowie die Vervollständigung der charakteristischen Merkmale. Die Beeinflussung des kognitiven Schemas vollzieht die Überarbeitung von Wissen und Informationen.

Was ist Ihr Selbstkonzept?

4.2 Selbstwertschätzung

Selbstwertschätzung ist mit Selbstreflexion und der Bewertung der eigenen Persönlichkeit verbunden. Zugleich ist es ein Prädiktor für die Unterscheidung von Selbstwahrnehmung (vgl. Schütz und Schröder, 2005). Nach den Untersuchungen von Cooperssmith (1967) ist Selbstwertschätzung die Beurteilung des eigenen Werts sowie der selbstbezogenen Handlung. Selbstwertschätzung wird zudem in leistungsbezogene, soziale und körperbezogene Bereiche gegliedert. Die leistungsbezogene Ansicht betrachtet die individuellen Leistungen, z.B. im schulischen Sinne. Die soziale Auffassung von Selbstwertschätzung sieht Beziehungen zu anderen Individuen als Faktor. Die körperbezogene Sicht betrachtet die Ausstrahlung und die Sportlichkeit eines Menschen (vgl. Myers, 2008). Selbstwertschätzung ist eine individuelle Komponente. Die Person wird gebeten, sich persönlich mit ihren Merkmalen (positiv oder negativ) zu beurteilen (vgl. Rosenberg, 1965). Die Betrachtung der Selbstwertschätzung als Persönlichkeitsvariable ist als Persönlichkeitsmerkmal zu verstehen. Zudem gibt diese Auskunft über Erfolge und Misserfolge (vgl. Kernis, 2003). Die Selbstakzeptanz stellt eines der höchsten Merkmale eines Individuums dar. Diese zeichnet sich durch Vollständigkeit und die Überlegenheit der eigenen Merkmale aus (vgl. Schütz, 2003.) Eine weitere Unterscheidung ist der Selbstwertschätzungskoeffizient, der die Steigerung oder Reduktion betrachtet. Er berücksichtigt Aspekte wie die familiäre Unterstützung, Wettbewerb und äußerliche Merkmale sowie religiöse Orientierung (vgl. Crocker und Wolfe, 2001). Die Problematik der niedrigen Selbstwertschätzung umfasst die Schwierigkeit, mit Emotionen und sozialen Strukturen umgehen zu können (vgl. Leary und Macdonald, 2003). Die Verzweiflung an negativen Eigenschaften wirkt sich in der Verhaltensweise aus und kann die Gesundheit gefährden. Selbstzweifelnde Individuen suchen Bestätigung durch Anhänglichkeit bei anderen Menschen, die wiederum zu einer Gefährdung von Bindungsängsten führen kann (vgl. Murray und Holmes, 2000). Der Gegensatz ist im Problem der hohen Wertschätzung zu sehen, das wiederum zu einer hohen Motivation führt. Des Weiteren zu einem Verlust von Kapazitäten, die zu Risiken und Verachtung in Beziehungen und sozialer Modellierung führen (vgl. Schutz, 2003). Baumeister, Smart und Boden (1996) haben in ihrer Studie gezeigt, dass Menschen mit zu hoher Selbstwertschätzung einen hohen Anteil an negativen Persönlichkeitsmerkmalen zeigen, wie beispielsweise aggressives und ablehnendes Verhalten. Menschen mit einer höheren Wertschätzung sind gesünder und werden im sozialen Umfeld besser anerkannt (vgl. Leary und MacDonald, 2003).

Definieren Sie Ihre Prioritäten?

4.3 Die Definition der wissenschaftlichen Umsetzung begleitet durch Impulse, die einen Menschen prägen.

Der Grundsatz der Selbstwertschätzung wird als die Liebe und die Anerkennung zu den menschlichen Fähigkeiten und als Bestätigung der eigenen Persönlichkeit verstanden. Dennoch ist es weitgehend ein Hindernis, wenn es um die eigenen Werte und Vorstellungen geht. Dieses Gefühl ist verbunden mit der Angst vor Ablehnung und Zwanglosigkeit zu empfinden. Rückblickend den Anlass der Verlorenheit und die Verantwortungen in der einige Persönlichkeiten verloren gehen, sorgt für eine Anspannung. Die Konsequenz führt zu Ablehnung, denn die Ursache ist Angst. Selbstwahrnehmung kann empfunden werden, wenn das Individuum all seine Erfahrungen und Facetten erfolgreich einbringt. Der Mensch muss einen Bezug zu seinen Vorstellungen und Werten finden und somit einen direkten Bezug zu seinem Geist und der Regulierung seiner Wünsche, sodass der Mensch in seinen Wünschen und Vorstellungen vervollständigt wird. Sicherlich ist die Liebe zu einem selbst ein faktorielles Problem, denn die Lösung ist schmerzhaft. Diese ist wiederum mit Verachtung und Verletzung verbunden, sodass die Entfaltung nach vielen Grundlagen später eintritt.

Das Leben ist verbunden mit Hindernissen, dennoch hat jedes Individuum bestimmte Vorstellungen vom Leben und ein Ziel. Die Schwierigkeit entsteht, wenn der Mensch sein eigenes Hindernis wird, sodass er in dem Mantel der eigenen Eltern (Erziehung) seine eigene Persönlichkeit nicht entfalten kann. Zudem entstehen Identifikationsprobleme, da der Mensch insgesamt nicht glücklich ist, aber einen Ausweg aus der Gewohnheit nicht für sinnvoll oder erstrebenswert hält. Dabei ist dieser Weg ein Meilenstein zur Freiheit. Je mehr allerdings der Mensch an seine eigenen Ziele glaubt und deren Erreichung anstrebt, desto selbstbewusster wird er. Dies spiegelt sich in den Handlungen wider, die ein Mensch in Form von Liebe weitergibt. Manchmal ist ein Mensch selbstlos, weil er die Liebe zu den Kindern oder einer anderen Person über die eigenen Bedürfnisse stellt. Aber trotzdem gelingt es dem Menschen, etwas in neutralen Bedingungen zu seinem eigenen Charakter und der daraus resultierenden Stärke zu finden. Jede Mutter, die ihre Freizeit für ihre Kinder opfert, ist nicht gleich unglücklich, denn die Verantwortung für etwas Wundervolles im Leben wahrgenommen zu haben, kann den eigenen Wünschen und Wertvorstellungen entsprechen und ist mit Glück verbunden. Jeder Fortschritt des Kindes ist ein eigener Erfolg. Dieser selbstlose Einsatz ist ein hohes Gut des Elternseins, denn er ist mit Selbstopferung und dem Maßstab der nicht wiederkehrenden Zeit verbunden. Wenn ein Kind sich verletzt und sofort zu seinen Eltern kommt, um Trost zu suchen und dann eine Anerkennung für sein Leiden erhält, sodass der Schmerz verschwindet, ist dies als Erfahrung für jedes Kind wertvoll. Wenn ein Kind traurig ist und einen wertvollen Rat sucht und die Eltern für ein Kind da sind, obwohl der Alltag keinen Freiraum lässt, gibt das dem Kind ein wichtiges Gefühl der Geborgenheit. Auch dieser Begriff ist individuell zu verstehen. Für manch andere ist die Selbstwertschätzung materiell bedingt, dennoch bin ich der Überzeugung, dass ein Mensch glücklich ist, wenn er sich selbst opfern kann, um Nächstenliebe zu verbreiten. Die Ausstrahlung der Vollkommenheit und das Empfinden des Glücklichseins, zudem das Lächeln und der Trost beidseitiger Erfüllung im Lächeln und im Glück der Kinderaugen tragen dazu bei. Die Begrüßung nach einem anstrengenden Tag ist keinem anderen Gefühl der Liebe gleichzustellen.

5. Einstellungen und Handlungen, **die in eine erzwungene Gefangenschaft führen**

Einstellungen sind Überzeugungen oder Gefühle, die mit der Disposition und dem Handeln zu tun haben. Bei einem netten Menschen erzeugt die „Impressionsbildung“ positive Assoziationen und ein Mensch beginnt, durch Empathiefähigkeit einem anderen Menschen zu vertrauen und eine gewisse Sympathie ihm gegenüber zu entwickeln. Die Überzeugung eines Menschen kann Wunder bewirken, da sie als Konstrukt von Selbstglauben eine Wirksamkeit erzielt, die sich im Handeln äußert (vgl. Myers, 2008). Verhaltensweisen haben einen Einfluss auf die Wirksamkeit und Glaubhaftigkeit in menschlichen Beziehungen. Diese sind nicht vorhersehbar, dennoch sind sie durch richtige Beurteilungen und die richtige Analyse erkennbar. Der Einfluss des sozialen Drucks kann zu einer Verstimmung in Beziehungen führen (vgl. Wallace, 2005). Die „Foot-in-the-Door“-Technik besagt, dass Menschen gegen ihre eigenen Überzeugungen handeln können, wenn sie entsprechend beeinflusst werden (vgl. Schein, 1956).

Verhaltensweisen, die erzwungen und dennoch im Rahmen der Möglichkeiten sind, werden von taktischen Grundzügen überrumpelt. Cialdini

(1993) erklärt, dass die Überzeugung und die Umstimmung eines anderen Menschen zunehmend in langsamen Schritten zum Erfolg führen können.

Die Verschwiegenheit ist verbunden mit Verlusten – Verlust der Anerkennung und der Angst, nicht mehr als die Person empfunden zu werden, die für Bewunderung gesorgt hat. Ängste sind formbar und können als kreativitätshemmende Geschehnisse gewertet werden. Diese können allerdings kreativitätsfördernd sein sowie zu Handlungen führen, die eigentlich aufgrund der Besonderheit und des Verzichts auf Gefühle weitere Blockaden nach sich ziehen können. Formbarkeit bezeichnet die Auswirkungen in Handlungen und im Denken. In einigen Situationen ist diese Formbarkeit nicht greifbar und kann zu vielen misslungenen Handlungen führen. Dennoch hat jeder Mensch eine Chance und Anerkennung verdient, denn jeder ist einzigartig.

Die Kraft, seinen Weg zu finden

Jedes Individuum hat einen bestimmten Maßstab an Wünschen und Vorstellungen. Die meisten kreieren Ihre Ziele schon in jungen Jahren und halten an diesen Standards fest. Irgendwann bemerken die meisten, dann, dass sie ihren Weg verfehlt haben und müssen ihre Ziele anpassen. Die Umstrukturierung, der Maßstäbe, kann zu einer Herausforderung werden. Die Frage ist, wie kann es einem Menschen gelingen die Kraft aufzuzeigen einen neuen Weg zu finden?

Die Kraft kann als wertvolle Ressource angesehen werden, um neue Wege zu betrachten.

Der Weg kann als Bestärkung der Planung neuer Wege zu gehen, betrachtet werden, beispielsweise mit der Einstellung, aus jeder Situation seinen Profit zu ziehen und einen angemessenen Weg zur flexiblen Entfaltung zu finden. Vielmehr sollte bei der Planung des neuen Weges das Realitätssinn eingesetzt werden, unter anderem, sollte die Affirmation für das Erreichen des Zieles eingesetzt werden.

Beispielsweise,ich bin ich und du bist du, aber ich bleibe mir als Mensch treu und auch, wenn diese Einstellung zu Verlusten führt, sollte jeder Mensch keine Angst haben müssen, an seinen Einstellungen und dem Glauben festzuhalten. . Jede Veränderung im Leben ist eine Herausforderung, wenn der Weg geschafft ist, sollte die Komponente der physischen und psychischen Erleichterung gesehen werden und die Stärke, den Weg, der Veränderung erreicht zu haben, Erfolg und Stolz hervorrufen. Dabei, die Dimension, für seinen Ziel in jeder situativ entstandenen Situation, die Stärke gefunden zu haben, die Verluste zu reflektieren, die einem Menschen als Struktur und Anerkennung stabilisieren werden, als eine Bereicherung anzuerkennen. Der Glaube und die Kraft, aus jeder Situation einen Erfolg zu ziehen, umso stärker die Verluste als Herausforderung zu sehen und seine Stärke auszubauen, ist eine Kunst, dass nur mit einer gesunden Selbstreflexion und einemgesunden menschlichen Verstand zur Veränderung beisteuern kann.

Das Ende der Explosion

In Zeiten der Corona-Pandemie 2020 ist festzustellen, wie die Menschheit mit materiellen und immateriellen Dingen nicht umgegangen ist. Diese Situation kann als eine Bereicherung gesehen werden, indem das Leben wertgeschätzt wird, wobei die Ausprägung eindeutig ist. In kürzester Zeit verlieren Menschen ihre Familien und Angehörigen. Ein Virus bringt viele Verluste, die ein Mensch so schnell nicht reflektieren kann. Vergleichbar mit einem Domino-Stein sind alle Strukturen und Gewohnheiten betroffen. Einige davon verschwinden für immer, sodass am Ende die Trauer nur noch gleichgültig erscheint. Sicherlich ist diese Zeit ein schwerer Weg für die Betroffenen des Virus und ein großer Schritt, um Anerkennung zu gewinnen. Sicherlich haben sie sich die Erkrankung nicht gewünscht und konnten auch die Folgen nicht einschätzen. Sie kämpfen für die Erhaltung ihrer Gesundheit und haben Hoffnung, wieder bei ihren Familien sein zu können. Es ist für Menschen, die am Leben sind, ein Geschenk zu reflektieren, ob sie wirklich in ihren Strukturen Glück empfinden oder ob die Zeit und die Opferung für z.B. Statuseigenschaften als Priorität empfunden werden kann oder eventuell die zeitlichen Einschränkungen reduziert werden können, um ihrer Familie und vor allem den Kindern mehr Zeit zu widmen. Eine Stunde am Nachmittag könnten sich die Wiesen mit Familien füllen, die sich mit ihren Kindern in der freien Natur bewegen und die Ausschüttung von zahlreichen Hormonen bevorzugen. Die Menschen könnten weniger geschlossene und betreute Maßnahmen besuchen und sich dafür mehr Zeit für Outdoor-Aktivitäten nehmen. Sie können Freude an der Bewegung entdecken. Das ist eine Vorstellung und ein gesundes Maß, das jedem Kind entgegengebracht werden sollte, anstatt die Kinder in geschlossenen Einrichtungen stundenlang betreuen zu lassen. Die Menschen sollten Opfer bringen und ihren Nächsten mehr Zeit schenken, um Geborgenheit empfinden zu können. Spaziergänge im Freien sind zu wünschen, damit die Kinder mehr Freiräume und Bewegung erfahren, sodass Kinder die Möglichkeit erhalten, einen Einklang zwischen Körper und Geist zu finden. Genauso können sie Erfahrungen mit natureigenen Produkten machen, dabei ihre Sinne entfalten und das fassungslose Kindlein erforschen. Das sind viele Beispiele, auf die heute kein Wert mehr gelegt wird. Vieles ist wichtiger, da die Prioritäten auf die eigenen, höheren Bedürfnisse ausgerichtet sind. Kinder suchen sich ihre Eltern nicht aus, aber sie haben das Recht auf Freiräume und individuelle Entfaltung mit der Bereicherung und der Unterstützung der Eltern. Meinen Weg habe ich gefunden, nachdem ich eindeutig gemerkt habe, an einer falschen Illusion festgehalten zu haben. Die Priorität, einen gewissen Status zu erlangen, war falsch, da Erfüllung keines Status bedarf. Ich habe durch den Verzicht mehr Wärme empfunden, damit ich meine Zeit für meine zwei Kinder nutzen kann. Dies ist die Erfüllung meines Weges.

Was haben Sie empfunden und würden nach diesen Grundsätzen in Ihrem Leben ändern?

Selbstevaluierung von Zeitinvestment

	30 – 60 Minuten	60 – 120 Minuten	120 – 180 Minuten	180 – 240 Minuten	240 – 400 Minuten
Wie viel Zeit verbringen Sie mit Ihren Kindern am Tag?					
Wie viel Zeit haben Sie für sich am Tag?					
Wie lange verbringen Sie Ihre Zeit im Verkehr?					

Wie lange investieren Ihre Kinder Zeit in Medien?					
Könnten Sie sich vorstellen, früher nach Hause zu kommen, um mit Ihren Kindern mehr Zeit zu verbringen?					
Inwiefern finden Sie Ihren Zeitalltag sinnvoll strukturiert?					

Wie viele Stunden am Tag sind Sie dauerhaft glücklich?					
Wie viel Zeit verbringen Ihre Kinder im Freien?					
Wie lange spielen Sie mit Ihren Kindern Gesellschaftsspiele?					
Wie viel Zeit investieren Sie am Tag, um					

Ihren Kindern zuzuhören?					
Wie viel Zeit verbringen Sie am Tag mit Ihrem Partner?					
Wäre eine Reduktion von Arbeitsaufwand für Sie eine Erleichterung?					
Wie viele Stunden am Tag sehen Sie Ihre Kin-					

der?					
Wie viel Zeit haben Sie verschwendet, um nicht mit Ihren Kindern Zeit zu verbringen?					

Dieser Test dient zur Evaluation und sollte für ein besseres Gefühl von Zeitmanagement und die Erhaltung der Familienstruktur sorgen. Ein gesundes Kind bedarf nicht nur einer gesunden Ernährung oder eines angemessenen Zuhauses, vielmehr braucht es die Nähe zu seinen Eltern

Quellenverzeichnis

Asendorf, J. (xxxx). Persönlichkeitspsychologie für Bachelor, (3. Aufl.), Springer Verlag Berlin: Heidelberg

Abele, A. und Becker, P. (Hrsg.) (1991). Wohlbefinden. Weinheim: Juventa.

Adoplh, R., Travel, D. und Damasio, A. R. (1998). The human amygdala in social judgement. Nature, 393, 470-473.

Anderson, I. M. (2000). Selective seretonin reuptake inhibitors versus tricyclic antidepressants: A meta-analysis of efficacy and tolerantly. Journal of Affective Disorders, 58, 19-36.

Anderson, C. A., Berkowitz, L., Sonnenstein, E., Huesmann, L. R., Jonson, J. D., Linz, D., Malamuth, N. M. und Wartella, E. (2003). The influence of media violence on youth. Psychological Science in the Public Interest, 4, 81-110.

Affleck, G., Tennen, H., Urrows, S. und Higgins, P. (1994). Person and contextual features of daily stress reacitvity: Individual differences in relations of undesirable daily events with mood disturbance and chronic pain intensity. Journal of Personality and Social Psychology, 66, 329-340.

Abele, A. (1995). Stimmung und Leistung. Allgemein- und sozialpsychologische Perspektive. Göttingen: Hogrefe.

Baumeister, R. F. (1996). Should schools try to boost self- esteem? Beware the dark side. American Educator, 20, 14019,43

Brickenkamp, R., Schidt-Atzest, L. und Liebmann, D. (2010). Test d2 - Revision: Aufmerksamkeit - und Konzentrationstest. Manual. Göttingen: Hogrefe

Borkenau, P. und Ostendorf, F. (2008). NEO – fünf- Faktoren Inventar nach Costa und McCrae: NEO-FFI; Manual (2. Aufl.). Göttingen. Hogrefe

Bolger, N. DeLongis, A., Kessler, R. und Schilling, E. A. (1989). Effects of daily stress on negative mood. Journal of Personality and Social Psychology, 57, 808-818.

Baumeister, R. F., Smart, L. und Boden, J. M. (1996). Relation of theraende egotism to violence and aggression: The dark side of self-esteem. Psychological Review. 103, 5-33.

Barinaga, M. (1992a). The brain remaps its own contours. Science. 258, 216-218.

Benight, C. C. und Bandura, A. (2004). Social cognitive theory of posttraumatic recovery: the role of perceived self-efficacy. Behav. Res. Ther. 42, 1129-1148.

Benight, C. C. und Harper, M. L. (2002). Coping self-efficacy perceptions as a mediator between acute stress response and long-term distress following natural disasters. J. Trauma Stress 15, 177-186.

Baumeister, R. F. (1996). Should schools try to boost self- esteem? Beware the dark side. American Educator, 20, 14019,43

Bolles, R. C. (1975). Theory of Motivation. 2. Aufl. New York: Harper & Row.

Beckmann, J. (1994). Rumination and deactivation of an intention. Motivation and Emotion, 18, 317-334.

Bittrich und Blankeberger (2011). Experimentelle Psychologie. Experimente planen, realisieren, präsentieren. Beltz Verlag.

Brickman, B., Coates, D. und Janoff-Bullman, R. J. (1978). Lottery winners and accident victims: Is happiness relative? Journal of Personality and Social Psychology, 36, 917-927.

Brickenkamp, R. Schidt-Atzest, L. und Liebmann, D. (2010). Test d2 – Revision: Aufmerksamkeits- und Konzentrationstest. Manual. Göttingen: Hogrefe

Bisschop, M. I., Kriegsman, D. M., Beekman, A. T. und Deeg, D. J. (2004). Chronic diseases and depression: the modifying role of psychosocial resources. Soc. Sci. Med. 59, 721-733.

Bouchard, S., Bastien, C. und Morin, C. M. (2003). Self-efficacy and adherence to cognitive-behavioral treatment of insomnia. Behav Sleep Med. 1 (4), 187-199.

Burke, R. J., Greenglass, E. R. und Schwarzer, R. (1996). Predicting teacher burnout over time: effects of work stress, social support, and self-doubts on burnout and its consequences. Anxiety, Stress, and Coping, 9, 261-275.

Buche, C., Morris, J., Dolan, R. J. und Friston, K. J. (1998). Brain systems mediating aversive conditioning: An event- related fMRi study. Neuron, 20, 947-957.

Bromberg, J. J. (2000). Fasting girls: The history of anorexia nervosa. New York: Vintage.

Brown, R. (1965). Social psychology. New York: Free Press.

Caprara, G. V., Barbaranelli, C., Borgogni, L. und Steca, P. (2003). Efficacy beliefs as determinants of teachers' job satisfaction. Journal of Educational Psychology, 95(4), 821-832.

Cohen, S. und Edwards, J. R. (1988). Personality characteristics between stress and disorder. In: Neufeld, R. W. J. (Hrsg.), Advances in the Investigation of Psychological Stress. Wiley, New York, 235-283.

Coopersmith, S. (1967). The antecendents of self-esteem. San Francisco: Freeman.

Crocker, J. und Wolfe, C. T. (2001). Contigences of self-worth. Psychological Review, 108, 593-623.

Cialdini, R. B. (1993). Influence. Science and practice (3. Aufl.). New York. Hapers Collings.

Cox, T. und Ferguson, E. (1991). Individual differences, stress and coping. In: Cooper, C. L., Payne, R., Cooper, C. L. und Rayne, R. (Hrsg.), Personality und Stress: Individual Differences in the Stress Process. Wiley, Oxford, 7-30.

Courtney Ackerman (2018). What is Self-efficacy Theory in Psychology? Definition and Examples, Positive Psychology Studies.

Coakley, D., Walsh, J. B., Cunningham, C. und Lawlor, B. A., (2011). Self-efficacy for managing dementia may protect against burden and depression in Alzheimer's caregivers. Aging Ment. Health, 15, 663-670.

Cannon, W. B. (1927). The James-Lange theory of Psychology, 39, 106-124.

Cannon (1915). Bodily Changes in Pain, Hinger Fear and Page. An Account of Regend Researches into the Function of Emotional Excitement. New York, London: Appleton & Co.

Darwin, C. (1876) Über die Entstehung der Arten. Ges. Werke, Bd. 2. Stuttgart: Schweizerbart. Org. 1859, On the Origin of species by means of natural selection. London: Murray (12)

Diener, E und Oishi, S. (2000). Money and Happiness: Income and subjektive well- being across nations. In E. Diener & E.M. Smh (Eds.) Subjektive well-being across- cultures. Cambridge, MA: MIT Press

Diener, M. L. und Lucas, R. E. (2004). Adults desires for children emotions across 48 countries: Association with individual and national characteristics. Journal of cross- cultural Psychology, 35, 525-547.

Diamond, D.M. (2005). Cognitive, endocrine and mechanistic perspectives on non-linear relationships between arousal and brain function. Nonlinearity Biol. Toxicol. Med. 3, 1-7.

Darwin, C. (1876). Über die Entstehung der Arten. Ges. Werke, Bd. 2. Stuttgart: Schweizerbart.

Org. 1859, On the Origin of species by means of natural selection. London: Murray (12)

Diener, E. und Oishi, S. (2000). Money and Happiness: Income and subjective well-being across nations. In: E. Diener und E. M. Smh (Hrsg.). Subjective well-being across-cultures. Cambridge, MA: MIT Press

Diener, M. L. und Lucas, R. E. (2004). Adults desires for children emotions across 48 countries: Association with individual and national characteristics. Journal of cross- cultural Psychology, 35, 525-547.

Ekman, P. und Friesen, W. V. (1969). „ The Repertoire of nonverbal behavior: categories, origigins, usage and coding“ Semiotica 1, 49 - 98.

Elsner, B. und Hommel, B. (2001). Effect and anticipation and action control. Journal of Experimental Psychology. Human Perception and Performance, 27, 229-240.

Elsner, B. und Prive, W. (2012). Psychologische Modelle der Handlungssteuerung In: H. O. Karat und P. Hier (Hrsg.). Kognitive Neurowissenschaften (S. 367-375) Berlin, Heidelberg: Springer

Ekman, P. und Friesen, W. V. (1969). The Repertoire of nonverbal behavior: categories, origins, usage and coding. Semiotica 1, 49-98.

Enzmann, D. und Kleiber, D. (1989). Helfer-Leiden: Stress und Burn-out in psychosozialen Berufen, Heidelberg

Friedrickson, B. L. und Hahnemann, D. (1993). Duration neglect in retrospective evaluations of affective episodes. Journal of Personality and Social Psychology 65, 45-55.

Friedrickson, B. L. und Hahnemann, D. (1993). Duration neglect in retrospective evaluations of affective episodes. Journal of Personality and Social Psychology 65, 45-55.

Gallwitzer, D. M. (1987). Suchen, Finden und Festigen der eigenen Identität: Unstillbare Zielintention. In: H. Heckhausen, P. M. Gallwitze und F. E. Weigert (Hrsg.), Jenseits des Rubikon: Der Wille in den Humanwissenschaften (S. 176-189). Berlin, Heidelberg, New York, Tokio: Springer

G(o)llwitzer, P. M. (1996). The volition benefits of planning. In: P. M. G(o)llwitzer und J. A.

Bargh (Hrsg.), The psychology of action: Linking cognition and motivation to behavior (S. 287-312). New York: Guilford Press.

Glitzer, W. und Zapf, W. (1984). Lebensqualität in der Bundesrepublik - objektive Lebensbedingungen und subjektives Wohlbefinden. Frankfurt: Campus.

Gallagher, D., Mhaolain, A. N., Crosby, L., Ryan, D., Lacey, L., Coen, R. F., Walsh, C., Gilson, T. A., Chow, G. M. und Feltz, D. L. (2012). Self-efficacy and athletic squat performance: positive or negative influences at the within and between levels of analysis. J. Appl. Soc. Psychol. 42, 1467-1485.

Gallwitzer, D. M. (1987). Suchen, Finden und Festigen der eigenen Identität: Unstillbare Zielintention. In: H. Heckhausen, P. M. Gallwitze und F. E. Weigert (Hrsg.), Jenseits des Rubikon: Der Wille in den Humanwissenschaften (S. 176-189). Berlin, Heidelberg, New York, Tokio: Springer.

G(o)llwitzer, P. M. (1996). The volition benefits of planning. In. P. M. G(o)llwitzer und J. A. Bargh (Hrsg.), The psychology of action: Linking cognition and motivation to behavior (S. 287-312). New York: Guilford Press.

Glitzer, W. und Zapf, W. (1984). Lebensqualität in der Bundesrepublik. Objektive Lebensbedingungen und subjektives Wohlbefinden. Frankfurt: Campus.

Hoffman, B. (2010). I think I can, but I'm afraid to try: the role of self-efficacy beliefs and mathematics anxiety in mathematics problem-solving efficiency. Learn. Individ. Differ. 20, 276-283.

Hickton, J. (2016). The Four Sources of Self-Efficacy: You Draw on Everyday.

Heckhausen, J. und Heckhausen, H. (2006) Motivation und Handeln (3. Aufl.). Umfangreiches Standardwerk zur Motivationspsychologie.

James, W. (1884). What is an Emotion? Mind, 9, 188-205

James, W. (1884). What is an Emotion? Mind, 9, 188-205
Jochen Müss(n)er - Allgemeine Psychologie - (2.Aufl.) (Hrsg.) Springer Verlag: Heidelberg (S.192- 194)

James, K. (xxxx). Priming and social categorization factors: Impact on awereness of emergency situations. Personality ans Social Psychology Bulletin, 12, 462- 467.

Jahnke, W., Schmidt-Duffy, M. und Debüt, G. (Hrsg.) (2008). Methodische Ansätze. Emotionelle Emotionspsychologie. Papst Science Publishers: Lengerich.

Jochen Müss(n)er – Allgemeine Psychologie – (2. Aufl.) (Hrsg.) Springer Verlag: Heidelberg (S. 192-194).

James, K. (xxxx). Priming and social categorization factors: Impact on awareness of emergency situations. Personality and Social Psychology Bulletin, 12, 462-467.

Jimenez, P. J., Melendez, A. und Albers, U. (2012). Psychological effects of Tai Chi Chuan.

Kahnemann, D. (2005). Are you happy now? Gallup Management Journal Interview.

Kermis, M. H. (2003). Toward a conceptualization of optimal self-esteem. Psychological inquiry, 14, 1-26.

Kroner-Herwig, B., Blasing, L., Maas, J. und Reckling, P. (2014). Self-esteem in a German Population Sample of Children and Adolescents: Assocciation with Demographic and Psychological Variables, Journal of Child and Adolescent Behaviour, 2, 158.

Leary, M. R. und MacDonald, G. (2003). Individual differences in self-esteem and theoretical integration. In: J.P. Tengney und M.R. Leary (Hrsg.), Handbook of self and identity. (S. 401-418). New York: Guilford

Leary, M. R. und Tang(n)ey, J.P. (Hrsg.) (2003). Handbook of self and identity. New York: Guilford Press.

Lazarus, R. S. (1993). Coping theory and research: past, present, and future. Psychosom. Med. 55, 234-247.

Lewin, K. (1926a). Untersuchungen zur Handlungs- und Affekt-Psychologie I: Vorbemerkungen über die physischen Kräfte und Energien und über die Seele. Psychologische Forschung, 7, 294-329.

Lewin, K. (1926b). Untersuchungen zur Handlungs- und Affekt-Psychologie II: Vorsatz, Wille und Bedürfnis. Psychologische Forschung, 7, 330-385

Lyumborisky, S., King, L. und Diener, E. (2005). The benefits of frequent positive affect. Does happiness lead to success? Psychological Bulletin, 131, 803-855.

Luszczynska, A., Benight, C. C. und Cieslak, R. (2009). Self-Efficacy and health-related outcomes of collective trauma. A systematic review, Eur. Psychol. 14, 51-62.

Mineska, S. und Sutton, S. K. (1992). Cognitive biases and the emotional disorders. Psychological Science, 3, 65-69.

McCullough, M. E., Hoyt, W. T, Larson, D. B., König, H. G. und Thoreson, C. (2000). Religious involvement and morality: A meta-analytic review, Health Psychology, 19, 211-222.

Müsseler, J. (2008). Allgemeine Psychologie (Hrsg.) Springer Verlag: Heidelberg.

McDougall, W. (1908). An Introduction to social psychology. London: Methuen

McCullough, M. E., Hoyt, W. T, Larson, D. B., Koenig, H. G. und Thoreson, C. (2000). Religious involvement and morality: A meta-analytic review, Health Psychology, 19, 211-222.

Myers, D. G. (1993). The pursuit of hapiness. New York: Avon Books.

Myers, A. & Hansen, C. H. (1993). Experimental psychology. Pacific Grove, CA: Brooks/Cole

Michotte, A. E. und Brüm, E. (1910). Etude expérimentale sur le choix volontaire et ses autecendents immédiats. Archive der Psychologie, 10, 119-299.

Myers, D. G. (1993). The pursuit of happiness. New York: Avon Books.

Myers, A. und Hansen, C. H. (1993). Experimental psychology. Pacific Grove, CA: Brooks/Cole

Prinz, W. (1990). A common coding approach to perception and action. In: O. Neumann und W. Prinz. (Hrsg.). Relationships between perception and action. Current approaches. Heidelberg: Springer.

Salovey, P. und Mayer, J. P. (1990). Emotional intelligence. Imagination, Cognition, und Personality, 9, 185-211.

Saunders, M. N. K., Lewis, P. und Thornhill, A. (2013). Research methods for business students. London: Pearson.

Stone, A. A., Cox, D. S., Valdirmarsdotting, H., Jandor, L. und Neale, J. M. (1987). Evidence that secretory IgA antibody is associated with daily mood. Journal of Personality and Social Psychology, 52, 988-993.

Sahne(m)ann, D. und Tversky, A. (1979). Intuitive production: Biases and corrective procedures. Management Sciences, 12, 313-317.

Schachtel, S. und Singer, J. E. (1962). Cognitive, social and physiological determinants of emotional state. Psychological Review, 69, 559-569.

Schneider, K. und Schmal t, H. D. (1994) Motivation (2 Aufl.) Stuttgart: Kohlhammer.

Sheffield, F. D. und Roby, T. B. (1950). Reward value of a non-nutritive sweet taste. Journal of Comparative Physiological Psychology, 43, 471-481.

Schönpflug, W. (2004). Geschichte und Systematik der Psychologie. Ein Lehrbuch für das Grundstudium (2. Aufl.) Weinheim: Beltz.

Spence, K. W. (1958). A theory of emotionality based drive (D) and its relation to performance in simple learning situations. American Psychologist, 13, 131-141.

Schmalt, H. D. und Langens, T. A. (2009). Motivation (Hrsg.) Marcus Haselhorn, Herbert Heuer und Frank Röster. S. 40-42.

Soufre (1996)., Emotional development: The organization of emotional life in the early years. Cambridge University Press, New York.

Strack, F., Argyle, M. und Schwarz, N. (Hrsg.) (1991). Subjective well-being. Oxford Pergamon press.

Schwarzer, S. H. T. (2008). Perceived Teacher Self-Efficacy as a Predictor of Job Stress and Burnout: Mediation Analyses, Applied Psychology: An International Review, Freie Universität Berlin, Germany, University Lattakia, Syria, 57, 152-171.

Schwarzer und Jerusalem, M. (2002). Das Konzept der Selbstwirksamkeit. In: Jerusalem, M. und Hopf, D. (Hrsg.): Selbstwirksamkeit und Motivationsprozesse in Bildungsinstitutionen. Weinheim: Beltz, 28-53 (Zeitschrift für Pädagogik, Beiheft; 44).

Schwarzer, R., Schmitz, G. S. und Tang, C. (2000). Teacher burnout in Hong Kong and Germany: A cross-cultural validation of the Maslach Burnout Inventory. Anxiety, Stress and Coping, 13, 309-326 (441).

Salovey, P. und Mayer, J. P. (1990). Emotional intelligence. Imagination, Cognition, und Personality, 9, 185-211.

Sarris, V., Reiß, S. (2005). Kurzer Leitfaden zur Experimentalpsychologie. München: Person Studium.

Schachtel, S. und Singer, J. E. (1962). Cognitive, social and physiological determinants of emotional state. Psychological Review, 69, 559-569.

Schneider, K. und Schmalt, H. D. (1994) Motivation (2. Aufl.) Stuttgart: Kohlhammer.

Soufre (1996). Emotional development: The organization of emotional life in the early years. Cambridge University Press, New York.

Tatarkiewcz, W. (1979). Analysis of happiness. Damage: Martin(u)s Nijhoff.

Thomae, H. (1984). Lebenszufriedenheit. In: W. D. Oswald, W. M. Hermann, S. Kanowski, U. Lehr und H. Thomae (Hrsg.), Gerontologie (S. 271-275). Stuttgart. Kohlhammer.

Tatarkiewcz, W. (1979). Analysis of happiness. Damage: Martin(u)s Nijhoff.

Thomae, H. (1984). Lebenszufriedenheit. In. W.D. Oswald, W.M. Hermann, S. Kanowski, U. Lehr & H. Thomae (Hrsg.), Gerontologie (S. 271-275). Stuttgart. Kohlhammer.

Tunner, W. (1983). Lust und Unlust). In H. A. Euler & H. Mandl. (Hrsg.) Emotionspsychologie: Ein Handbuch in Schlüsselbegriffen (S. 201- 204.) München: Urban & Schwarzberg).

Traxel, W. (1959). Die Bestimmung einer Unterschiedsschwelle für Gefühle. Psychologische Forschung, 25, 433-435

Traxel, W. (1960). Die Möglichkeit einer objektiven Messung der Stärke von Gefühlen. Psychologische Forschung,26, 75-90.

Traxel, W. (1963). Gefühl und Gefühlsausdruck. In R. Meili & H. Rohrbacher (Hrsg.)., Lehrbuch der experimentellen Psychologie, (Kap VI) (S. 215-263) . Bern: Huber. (2 Aufl., 1968, S. 235-280, 3. Aufl., S. 235- 280.

Traxel, W.(1983a) Emotionsdimensionen. In H. E. Euler & H. Mandl (Hrsg.), Emotionspsychologie. Ein Handbuch in Schlüsselbegriffen (S. 19-27). München: Urban & Schwarzberger.

Traxel, W. & Heide, H. J. (1961). Dimensionen der Gefühle. Das Problem der Klassifikation der Gefühle und die Möglichkeit seiner empiristischen Lösung. Psychologische Forschung, 26, 179- 204

Tunner, W. (1983). Lust und Unlust. In: H. A. Euler und H. Mandl (Hrsg.). Emotionspsychologie. Ein Handbuch in Schlüsselbegriffen (S. 201-204.) München: Urban & Schwarzberg.

Traxel, W. (1959). Die Bestimmung einer Unterschiedsschwelle für Gefühle. Psychologische Forschung, 25, 433-435.

Traxel, W. (1960). Die Möglichkeit einer objektiven Messung der Stärke von Gefühlen. Psychologische Forschung, 26, 75-90.

Traxel, W. (1963) Gefühl und Gefühlsausdruck. In: R. Meili und H. Rohrbacher (Hrsg.). Lehrbuch der experimentellen Psychologie, (Kap VI) (S. 215-263). Bern: Huber. (2. Aufl., 1968, S. 235-280, 3. Aufl., S. 235-280).

Traxel, W.(1983a). Emotionsdimensionen. In: H. E. Euler und H. Mandl (Hrsg.). Emotionspsychologie. Ein Handbuch in Schlüsselbegriffen (S. 19-27). München: Urban & Schwarzberger.

Traxel, W. und Heide, H. J. (1961). Dimensionen der Gefühle. Das Problem der Klassifikation der

Gefühle und die Möglichkeit einer empiristischen Lösung. Psychologische Forschung, 26, 179-204.

Ulrich, D. und Mayring, Ph. (1992). Psychologie der Emotionen. Grundriss der Psychologie. (Bd. 5).
Stuttgart: Kohlhammer.

Wallace, D. S., Paulson, R. M., Lord, C. G. und Bond, C. F. jr. (2005). Which behaviour do attitudes predict? Meta-analyzing the effects of social pressure and perceived difficulty. Review of General Psychology, 9 (3), 214-227.

Weber, H. und Vollmann, M. (2005). Persönlichkeitspsychologie und Differenzielle Psychologie (Hrsg.). Hogrefe, 524-534.